TASCHENBÜCHER FÜR GELD, BANK UND BÖRSE

Band 81

Hans Laux

Bausparwissen
für Bankkaufleute,
Baufinanzierungs- und
Anlageberater

6. aktualisierte Auflage

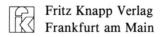 Fritz Knapp Verlag
Frankfurt am Main

1. Auflage 1978
2. Auflage 1980
3. Auflage 1984
4. Auflage 1986
5. Auflage 1988
6. Auflage 1993

ISBN 3-7819-1185-3

© 1993 by Verlag Fritz Knapp GmbH, Frankfurt am Main
Gesamtherstellung: Druckerei A. Hellendoorn KG, Bad Bentheim
Umschlagentwurf: Friedrich Karl Sallwey
Printed in Germany

Inhaltsübersicht

Vorwort zur 6. Auflage

Mehrere Umstände haben ein schnelleres Wiedererscheinen der auf den neuesten Stand gebrachten Broschüre verhindert. Dazu gehört die Wiedervereinigung Deutschlands im Jahre 1990, die dem Bausparen durch das Neugeschäft aus dem Beitrittsgebiet zusätzlichen Aufschwung verliehen hat. Zu erwähnen ist aber auch die Novellierung des Bausparkassengesetzes und der Bausparkassen-Verordnung mit Wirkung vom 1.1.1991. Seitdem müssen die Bauspartarife ein angemessenes individuelles Sparer-Kassen-Leistungsverhältnis aufweisen.

Änderungen seit der 5. Auflage des Jahres 1988 sind aber auch bei der Bausparförderung zu verzeichnen. So hat der Gesetzgeber die Gewährung von Wohnungsbauprämien eingeschränkt, einen linear-progressiven Einkommensteuertarif eingeführt und die Vergünstigungen für vermögenswirksame Leistungen von Arbeitnehmern nach dem Fünften Vermögensbildungsgesetz neu geregelt.

In den letzten fünf Jahren sind vier private Bausparkassen und eine Landesbausparkasse gegründet worden. Einige − vor allem öffentlich-rechtliche − Bausparkassen haben ihr Tarifwerk neu gestaltet. Die vorliegende 6. Auflage der Schrift berücksichtigt das Angebot der Bausparkassen zu Beginn des Jahres 1993.

Ludwigsburg, Februar 1993

Professor Dr. habil. Hans Laux
Diplom-Mathematiker

Aus dem Vorwort zur 1. Auflage

In den jetzt mehr als fünf Jahrzehnten seiner Existenz ist das Bausparen zu einem festen Bestandteil des Kredit- und Wohnungswesens geworden. Fast jede Bank oder Sparkasse arbeitet mit einer oder mehreren Bausparkassen zusammen. Besonders die Bankkaufleute, die in der Anlageberatung und Wohnungsbaufinanzierung tätig sind, kommen dauernd mit dem Bausparvertrag als Spar- und Kreditinstrument in Berührung, sei es, daß sie mit dem Kunden über den Abschluß eines Bausparvertrages zur Ausschöpfung der gesetzlichen Bausparvergünstigungen ... diskutieren, sei es, daß sie ein zinsgünstiges Bauspardarlehen in den Finanzierungsplan für den Bau eines Eigenheims, den Kauf einer Eigentumswohnung oder eine sonstige wohnungswirtschaftliche Maßnahme einpassen.

Die vielfältigen Verknüpfungen des Bausparwesens mit dem Spar- und Kreditgeschäft haben den Wunsch entstehen lassen, das »Bausparwissen für Bankkaufleute, Baufinanzierungs- und Anlageberater« in knapper Form zusammenzufassen. Die Aufgabenstellung lautete: Was ist aus Bankensicht über den Bausparvertrag im Spar- und Darlehensstadium zu wissen wichtig? Die behandelten Fragen ergaben sich daraus zwanglos dem Ablauf des Bausparvertrages folgend: Welche Besonderheiten sind beim Vertragsabschluß zu beachten? Wie verhält es sich mit den Sparbedingungen im Bausparen? Welche staatlichen Sparhilfen kann der Bausparer erlangen? Wie steht es um Zuteilung und Wartezeit? Wie gehen Darlehensgewährung und Darlehenstilgung vor sich? Schließlich war die Vor- und Zwischenfinanzierung von Bausparverträgen zu beschreiben, ein Gebiet, auf dem Banken und Sparkassen eng und erfolgreich mit den Bausparkassen kooperieren.

Ludwigsburg, Frühjahr 1978

Dr. Hans Laux
Diplom-Mathematiker

A. Vertragsabschluß

I. Wesen und Wirken des Kollektivprinzips

Oft wird gefragt: Wie funktioniert das Bausparen überhaupt? Warum spricht man vom »kollektiven« Bausparen? Was hat es mit dem Wartezeitproblem auf sich? Ist das Bausparen, das offensichtlich auf einen anhaltenden, möglichst sogar steigenden Neuzugang angewiesen ist, auf Dauer lebensfähig? Beruht das Bauspargeschäft gar auf einer Art »Schneeballsystem«? Diesen und ähnlichen Fragen wird zunächst hier, später nochmals im Abschnitt D V nachgegangen.

Die Idee des kollektiven Bausparens beruht auf der Erkenntnis, daß der Zusammenschluß von Sparern, die das gleiche Sparziel haben, zu einem besseren Ergebnis führt, als wenn jeder für sich, d. h. individuell, spart. Meist erklärt man die Wirkungsweise des Kollektivprinzips an dem folgenden stark vereinfachten Beispiel:

Ein Interessent für den Bau oder Kauf eines Wohnhauses (Bausparer) benötigt den Betrag von 100. Man kann die Zahl 100 als 100 000 DM, 100% oder 100 Einheiten interpretieren; sie soll jetzt schon mit Bausparsumme bezeichnet werden. Es wird angenommen, der Bausparer könne pro Jahr ein Zehntel der Bausparsumme, d. h. 10 Einheiten, aufbringen. Läßt man die Verzinsung im Spar- und Kreditstadium beiseite, so braucht der auf sich allein gestellte Bausparer 10 Jahre, um die Bausparsumme von 100 selbst anzusparen. Findet der Bausparer jedoch 9 weitere Personen, die das gleiche Ziel und die gleiche Sparkraft haben, so kann sich die Gruppe zu einer Gemeinschaft von 10 Bausparern bzw. 10 Bausparverträgen zusammentun. Da jeder 10 Einheiten jährlich aufbringt, kommen schon im ersten Jahr 100 Einheiten zusammen. Das reicht aus, einem von ihnen die volle benötigte Bausparsumme zur Verfügung zu stellen, d. h. den ersten Bausparer »zuzuteilen«. Unterstellt man ferner, daß der »zugeteilte« Bausparer im nächsten Jahr als Tilgung des erhaltenen Darlehens, das sich auf 90 Einheiten beläuft, wiederum den Betrag von 10 einzahlt, so fließen in die gemeinsame Zuteilungsmasse wieder 100 Einheiten, die sich nun aus neun Sparleistungen à 10 und einer Tilgungsleistung à 10 zusammensetzen. Damit kann der Vertrag eines zweiten Bausparers zugeteilt werden. Im dritten Jahr sind es unter analogen Voraussetzungen acht Sparzahlungen und zwei Tilgungsleistungen, die zusammenkommen und die für die Zuteilung des dritten Bausparvertrages ausreichen. Das Modell setzt sich fort bis zu dem zehnten und letzten Bausparer, der allerdings insofern benachteiligt ist, als er kein Darlehen erhält, sondern seine Bausparsumme selbst voll ansparen mußte. Immerhin hat der letzte Bausparer die Bausparsumme nicht später als bei individueller Ansparung, nämlich nach 10 Jahren, erhalten. Der kollektive Zusammenschluß verschaffte ihm jedoch die Chance einer früheren Zuteilung. Im Durchschnitt haben die Bausparer nur $(1 + 2 + 3 + ... + 10) : 10 = 5,5$ Jahre Ansparzeit zurückgelegt. Mithin hat das Kollektivsparen die durchschnittliche Sparzeit bis zur Zuteilung, d. h. die Wartezeit, auf fast die Hälfte, nämlich von 10 auf 5,5 Jahre, herabgedrückt.

In Wirklichkeit läuft das Bauspargeschäft natürlich nicht nach einem so einfachen Modell ab. Die wichtigste Abweichung der Praxis besteht darin, daß bei den Bausparkassen keine geschlossenen Bauspargruppen vorliegen, wie sie in dem einfachen Zahlenbeispiel vorgeführt wurden. Vielmehr sind die heutigen Bausparkassen für dauernden Neuzugang offen, der naturgemäß in den einzelnen Jahren der Höhe nach schwankt. Darüber hinaus stimmen die Bausparsummen der Verträge nicht überein, im Spar- und Darlehensstadium ist eine Guthaben- und Darlehensverzinsung vorgesehen, die Spar- und Tilgungsbeiträge sind abweichend festgelegt, gewisse Voraussetzungen für die Zuteilung sind zu erfüllen und vieles andere mehr. Gleichwohl bleibt die eigentliche Idee des kollektiven Bausparens davon unberührt und dessen Vorzug erhalten.

II. Die Bausparkassen

In der Bundesrepublik Deutschland arbeiten zur Zeit 34 Bausparkassen; davon zählen 21 zu den privaten und die übrigen 13 zu den öffentlich-rechtlichen Bausparkassen. Die privatrechtlich organisierten Bausparkassen sind im ganzen Bundesgebiet tätig, die öffentlich-rechtlichen jeweils nur in ihrem Geschäftsgebiet, das sich im großen und ganzen nach den Grenzen der Bundesländer richtet.

Die Größenverhältnisse der einzelnen Institute sind außerordentlich unterschiedlich. Gleichgültig ob man eine Rangfolge nach dem Umfang des Vertragsbestandes, des Neugeschäfts, der Bilanzsumme oder sonstwie aufstellt, liegen drei private Bausparkassen eindeutig an der Spitze, nämlich die Bausparkasse Schwäbisch Hall, das Beamtenheimstättenwerk und die Bausparkasse GdF Wüstenrot. Bei den öffentlich-rechtlichen Bausparkassen führen die Landes-Bausparkasse Münster/Düsseldorf und die Bayerische Landes-Bausparkasse schon aufgrund der Größe der Bundesländer Nordrhein-Westfalen und Bayern die Rangliste an.

III. Der Bausparvertrag

Zweck des Bausparvertrages ist die Erlangung eines unkündbaren, in der Regel zweistellig zu sichernden Tilgungsdarlehens (Baspardarlehen) aufgrund planmäßiger Sparleistungen. So heißt es übereinstimmend im § 1 Absatz 1 der Allgemeinen Bedingungen für Bausparverträge (ABB) aller Bausparkassen. Man kann mithin den Bausparvertrag einen kombinierten Spar- und Darlehensvertrag nennen. Jeder Bausparer muß zunächst einen Sparvorgang absolvieren. Er erlangt dadurch den Rechtsanspruch auf ein zinsgünstiges und zinsgarantiertes Baudarlehen, das er für eine wohnungswirtschaftliche Maßnahme verwenden kann.

Der Darlehensanspruch entsteht allerdings erst, wenn der Bausparvertrag zugeteilt ist. Mit der Zuteilung werden die in die gemeinsame Zuteilungsmasse fließenden Mittel, das sind insbesondere die Sparzahlungen, die Tilgungen und die Guthabenzinsen, an die noch sparenden, d. h. wartenden Bausparer verteilt. Bei dem Bausparkollektiv liegt ein in sich geschlossener Geldkreislauf vor. Mit den Bauspareinlagen der Sparer werden die Bauspardarlehen der schon zugeteilten Bausparer refinanziert.

Dies ermöglicht es, die Zinssätze für Bausparguthaben und -darlehen unabhängig von den Schwankungen der Marktsätze festzulegen und in den Bausparbedingungen für die gesamte Vertragslaufzeit zu garantieren. Zwar erzielt der Bausparer in der Ansparzeit nur relativ bescheidene Guthabenzinsen von beispielsweise 3% pro Jahr im Standardtarif; dafür braucht er aber für das Bauspardarlehen nur nominal 5% Jahreszinsen im Beispielsfall zu zahlen. Von dem 3%/5%-Zinsniveau gibt es Abweichungen nach unten und nach oben. Immer aber sind die Zinssätze für die Spar- und die Darlehensphase tariflich festgeschrieben. In der Zinsgarantie für ein unkündbares und außerdem nachrangig sicherzustellendes Baudarlehen ist der Hauptvorteil des Bausparvertrages zu sehen.

Für die Zuteilung gelten ganz bestimmte Regeln. Der Bausparvertrag muß die in den ABB genannten Bedingungen erfüllen, und zwar nach Zeit (Ablauf der Mindestsparzeit), Geld (Ansparen eines Mindestsparguthabens) und Sparverdienst, der nach einem Zeit-mal-Geld-System in der sogenannten Bewertungszahl gemessen wird. Das wird im einzelnen noch zu beschreiben sein.

Die Darlegungen folgen im wesentlichen dem Ablauf eines Bausparvertrages, beginnend mit dem Vertragsabschluß (Teil A) und alsdann zu den Sparbedingungen überleitend (Teil B). Dabei wird erläutert (siehe Abschnitt B I), was es mit den Sparbeiträgen, der Guthabenverzinsung und der Sicherheit des Bauspargeldes auf sich hat, im Abschnitt B II, welche Eigentümlichkeiten bei Vertragsänderungen zu beachten sind.

Gesondert dargestellt werden (im Teil C) die gesetzlichen Bausparbegünstigungen, die sich im wesentlichen auf das Sparstadium eines Bausparvertrages erstrecken. Das sind

– die Wohnungsbauprämien nach dem Wohnungsbau-Prämiengesetz (C I)

– der Sonderausgabenabzug von Bausparbeiträgen nach § 10 des Einkommensteuergesetzes (C II)

– die Vorteile für vermögenswirksame Leistungen bei Arbeitnehmern nach dem Fünften Vermögensbildungsgesetz (C III).

Nach der Behandlung der wichtigsten Fragen, die mit der Zuteilung eines Bausparvertrages und mit dem Wartezeitproblem zusammenhängen (Teil D), folgt eine Beschreibung von Einzelheiten der Darlehensgewährung (Teil E) und der Darlehenstilgung (Teil F). Nicht in den eigentlichen Bausparbedingungen geregelt ist die Vor- oder Zwischenfinanzierung von Bausparverträgen, die das Bausparen vom Handikap der Wartezeit weitgehend befreit hat und die im letzten Teil G dargestellt wird.

IV. Bauspartarife

1. Tarifauffächerung

Die Auswahl des richtigen Bauspartarifs gehört zu den wichtigsten Entscheidungen beim Abschluß eines Bausparvertrages. Gerade in dieser Beziehung hat sich im Bausparwesen seit Beginn der 1980er Jahre besonders viel bewegt. Noch weit bis in die zweite Hälfte der 1970er Jahre führte die Mehrzahl der Bausparkassen überhaupt nur einen Tarif, den klassischen 3%/5%-Standardtarif mit 40%igem Mindestsparguthaben sowie monatlichen Regelsparbeiträgen von 4‰ bis 5‰ der Bausparsumme und Tilgungsbeiträgen von 5‰ bis 6‰ der Bausparsumme monatlich, aus denen Tilgungszeiten von 10 bis 11 Jahren hervorgehen. Der 2,5%/4,5%-Niedrigzinstarif, der sich außer in den um 0,5 Prozentpunkte abgesenkten Zinssätzen kaum von dem erwähnten Standardtarif unterscheidet, wird allgemein seit 1977 angeboten. Auch die Disagiomodelle – erstmals 1980 auf den Markt gebracht – weichen, abgesehen von dem Umstand, daß gegen einen Einbehalt von meist 5% des Anfangsdarlehens der Nominalzinssatz des Bauspardarlehens um durchweg 1 Prozentpunkt vermindert und dadurch bei gleichem Tilgungsbeitrag die Darlehenslaufzeit um einige Monate verkürzt werden kann, nicht von den herkömmlichen Tarifbedingungen ab.

Der eigentliche Durchbruch in ein Neuland der Bauspartechnik gelang der ältesten deutschen Bausparkasse, der GdF Wüstenrot, als ihr von der Aufsichtsbehörde Ende 1981 ein Hochzins-Langzeittarif genehmigt wurde, der auf einen Schlag eine Fülle von Neuerungen verwirklichte – von der erstmals im Bausparen garantierten 4%igen Guthabenverzinsung bis zur auf 16 Jahre verlängerten Tilgungszeit bei stark ermäßigten und gestaffelten Tilgungsbeiträgen, ermöglicht durch eine langfristige Ansparung des 50%igen Mindestsparguthabens mit niedrigen Regelsparbeiträgen und verminderter Bewertung des Sparverdienstes. Dieses Konzept wurde rasch von anderen Instituten unverändert oder wenig abgewandelt übernommen.

Die Entwicklung im Tarifwesen erstreckte sich aber auch in die andere Richtung, nämlich zu den Schnelltarifen. Solche Kurzzeittarife weisen beträchtlich höhere Spar- und Tilgungsbeiträge auf als die Standardtarife, ferner – wie fast alle neueren Bauspartarife – ein Mindestsparguthaben von 50% der Bausparsumme. Die höhere Geldleistung des Bausparers im Spar- und im Darlehensstadium ermöglicht es, den Sparverdienst (durch einen höheren Bewertungszahlfaktor) höher zu bewerten und dem Vertrag damit einen Vorsprung bei der Zuteilung einzuräumen. Im Grunde spiegelt sich in der Auffächerung des Tarifangebots in Langzeit- und Schnelltarife die unterschiedliche Zeit-mal-Geld-Leistung der Bausparer wider. Wer das Bausparguthaben schneller (und mit einem höheren Betrag) anspart und das Bauspardarlehen schneller tilgt, kann auch mit einer früheren Zuteilung rechnen. Umgekehrt verhält es sich mit dem Langsamsparer, der statt einer höheren Geldleistung ein größeres Zeitelement in die Bauspargemeinschaft einbringt: Er spart auf längere Frist an (und bei den älteren Bauspartarifen vielleicht nur 40% statt 50% der Bausparsumme) und erhält nach Zuteilung ein Bauspardarlehen, das mit niedrigeren Tilgungsleistungen zurückzuzahlen ist.

Die meisten Bausparkassen haben inzwischen Optionstarife eingeführt, die in sich einerseits Hoch- und Niedrigzinsvarianten und andererseits Kurz-, Mittel- und Langzeitversionen vereinigen. Durch die Einräumung von Zinsoptionen hat der Bausparer die Wahl, unter bestimmten Bedingungen auch nach Vertragsabschluß noch zwischen den Kombinationen hoher oder niedriger Guthaben- und Darlehenszinssätze zu wechseln. Häufig gilt für die Niedrigzinsvariante eine Zinsbasis von

2,5%/4,5% und für die Hochzinsvariante eine solche von 4%/6%.

Was die Laufzeit-Wahlrechte angeht, so folgen sie dem schon skizzierten Prinzip, Sparzeit und Tilgungszeit nach dem Schema kurz/kurz, mittel/mittel oder lang/lang zu koppeln. Wird der Bausparer nach einer vergleichsweise kurzen Sparzeit, d. h. mit einem niedrigen Sparverdienst zugeteilt, so muß er sein Bauspardarlehen rasch zurückzahlen, also einen relativ hohen Tilgungsbeitrag leisten. Wer umgekehrt einen höheren Sparverdienst aufweist, dem kann auch eine längere Tilgungszeit, mithin ein niedrigerer Tilgungsbeitrag zugestanden werden.

Sowohl für die Zins- als auch die Laufzeitoptionen gibt es in der Praxis verschiedene Ausgestaltungen, die jetzt noch nicht vollständig beschrieben werden können. Einzelheiten zur Verzinsung werden nachfolgend unter B I und F II, für die Laufzeiten unter D II und F IV beschrieben.

Die Bedeutung der verschiedenen Tarifmerkmale wird in den späteren Erläuterungen dieser Broschüre noch näher dargelegt werden. Im einzelnen enthalten

Tabelle 1 die allen Tarifen einer Bausparkasse gemeinsamen Tarifmerkmale,
Tabelle 2 die Tarifmerkmale des Sparstadiums,
Tabelle 8 die Tarifmerkmale des Zuteilungsstadiums und
Tabelle 11 die Tarifmerkmale des Darlehensstadiums.

2. Tarifwahl je nach Verwendungsabsicht

Die Neuerungen bei den Bauspartarifen ermöglichen es dem Interessenten, den Bauspartarif nach seinen Plänen und Absichten auszuwählen. Zwar wird es in vielen Fällen der fachkundigen Beratung durch einen Außendienstmitarbeiter der Bausparkasse bedürfen, es lassen sich aber ganz allgemein einige prinzipielle Empfehlungen formulieren.

Vorweg ist zu sagen, daß ein Bausparer, der sein Eigenkapital für eine Eigenheimfinanzierung über eine Spardauer von etwa 8 Jahren auf einem Bausparvertrag ansammeln will, nach wie vor mit den klassischen Tarifen gut bedient ist. Weist der

2,5%/4,5%-Niedrigzinstarif gegenüber dem 3%/5%-Standardtarif keine weiteren Besonderheiten auf, so macht das Zinsniveau bei dieser Spardauer keinen großen Unterschied; denn der zeitnähere »Zinsgewinn« in der Sparphase des 3%/5%-Standardtarifs ist dem späteren »Zinsverlust« in der Darlehenszeit in etwa äquivalent im Vergleich zu dem 2,5%/4,5%-Niedrigzinstarif.

Ein Hochzins-Langzeittarif wird um so attraktiver, je längere Fristen − etwa mehr als 8 oder 10 Jahre − sich der Sparer für die Ansammlung des zur Zuteilung erforderlichen Bausparguthabens setzen kann oder muß. Das gleiche gilt für die Hochzinsvarianten der Optionstarife. So wird bei Jugendlichen oder bei vermögenswirksam sparenden Arbeitnehmern zunächst noch ungewiß sein, ob und wann der Darlehensanspruch des Bausparvertrages einmal realisiert werden wird. In solchen Fällen sollte der Bausparer Wert darauf legen, die höchstmögliche Guthabenverzinsung des Bausparens zu erlangen. Die niedrigere Bewertung des Sparverdienstes braucht ihn nicht zu stören, weil er infolge langer Sparzeit trotzdem eine genügend hohe Bewertungszahl erreicht und zudem noch den Anspruch auf ein längerlaufendes Bauspardarlehen erwirbt.

Auf den Bausparer, der es eilig hat, ist hingegen der Schnelltarif bzw. die Kurzlaufzeitvariante eines Optionstarifs zugeschnitten. Er muß allerdings in der Lage sein, höhere Spar- und Tilgungsbeiträge aufzubringen, die eine schnellere Zuteilung ermöglichen. Für die Kernfinanzierung des Baus oder des Kaufs eines Hauses oder einer Wohnung werden die Schnelltarife regelmäßig ausscheiden, weil sie die finanzielle Leistungskraft des Darlehensnehmers übersteigen. Geeignet sind die Schnelltarife aber für wohnungswirtschaftliche Maßnahmen mit einem überschaubaren Finanzierungsbedarf. Hierzu rechnen An- und Umbauten, Renovierungs- und Energiesparmaßnahmen, Grundstückskauf sowie Um- und Entschuldungen.

Die Optionstarife eröffnen dem Bausparer durchweg eine Wahl des Zinsniveaus. Mit der Hochzinsvariante fährt natürlich derjenige Bausparer am besten, der auf das Bauspardarlehen verzichtet oder den Bausparvertrag kündigt. Das gilt aber auch für die sehr langfristig sparenden Bausparer. Hingegen wird die Niedrigzinsvariante um so günstiger, je rascher und je höher der Darlehensanspruch ausgenutzt wird. Weiteres wird unter B I 2 a ausgeführt.

V. Bausparsumme

Bausparverträge lauten über Bausparsummen. Die Bausparsumme umfaßt das vom Bausparer selbst anzusammelnde Sparguthaben und das Bauspardarlehen. Das bedeutet für die herkömmlichen Bauspartarife: Je höher das Bausparguthaben ist, desto geringer fällt das Bauspardarlehen aus. Dazu ein Zahlenbeispiel: Der über 40 000 DM abgeschlossene Bausparvertrag weist bei Zuteilungsannahme einschließlich der bis dahin gutgeschriebenen Zinsen ein Bausparguthaben von 17 200 DM, das sind 43% der Bausparsumme, auf. Das anfängliche Bauspardarlehen stellt sich dann auf 40 000 DM − 17 200 DM = 22 800 DM oder 57% der Bausparsumme. Hätte der Bausparer bis zur Zuteilungsannahme hingegen schon 19 200 DM (48%) angespart, so beliefe sich das Bauspardarlehen auf nur 20 800 DM (52%). Mit höher werdendem Ansspargrad vermindert sich der Darlehensanspruch immer mehr. Erreicht das Bausparguthaben die Bausparsumme, so ist aus dem Vertrag überhaupt keine Darlehensgewährung mehr möglich.

Neuere Bauspartarife privater Bausparkassen sehen einen konstanten Darlehensanspruch in Höhe der halben Bausparsumme vor. Hier reduziert sich der Darlehensraum durch höhere Sparleistungen nicht. Vielmehr könnte ein Bausparer einen solchen Vertrag über beispielsweise 30 000 DM durchaus voll ansparen und dennoch aus ihm das volle Darlehen von 15 000 DM erlangen, im Endeffekt also 150% aus 100% der Bausparsumme machen. Diese Tarife sind freilich mit einem Mindestsparguthaben von 50% der Bausparsumme ausgestattet (vgl. die Tabellen 8 und 11).

Die Bausparsumme ist die wichtigste Bestimmungsgröße des Bausparvertrages. Von ihr hängen die meisten weiteren Vertragsdaten ab, wie z. B. die Abschlußgebühr, der Regelsparbeitrag, das Mindestsparguthaben, die Bewertungszahl, der Tilgungsbeitrag und einiges andere mehr.

Wie hoch soll nun die Bausparsumme bemessen werden? Diese Frage stellt sich insbesondere der Interessent, der mit dem Bausparen beginnen will. Dazu ist folgendes zu sagen.

Eine allgemein gültige Regel über die optimale Höhe eines Bausparvertrages gibt es nicht. Entscheidend sind die Umstände des Einzelfalles. Dafür sollte man zunächst klären, welches Sparziel sich der Bausparer setzt, d. h., was er pro Jahr aufbringen kann und will und wieviele Jahre der Sparprozeß ungefähr dauern soll. Einen Anhalt für die Höhe der Sparleistung liefert der Regelsparbeitrag nach den Bausparbedingungen. Die klassischen Bauspartarife sehen einen Regelsparbeitrag in der Größenordnung von 4‰ bis 5‰ der Bausparsumme monatlich, das sind grob gerechnet 5% bis 6% der Bausparsumme jährlich, vor. Wählt der Bausparer beispielsweise einen solchen Vertragstypus, so errechnet sich seine jährliche Regelsparleistung bei einem Vertrag über

20 000 DM zu rd. 1000 DM

25 000 DM zu rd. 1250 DM

30 000 DM zu rd. 1500 DM.

Leistet er darüber hinaus keine Sondersparzahlungen (und sind auch keine Wohnungsbauprämien-Gutschriften zu erwarten), so erreicht er 40% der Bausparsumme freilich erst nach ungefähr 7 bis 7,5 Jahren.

Geht es vorerst nur darum, die staatliche Bausparförderung auszunutzen, so kann man die Sparleistung nach den prämienbegünstigten Höchstsparleistungen bemessen. Das sind bei der Wohnungsbauprämie 800 DM für Alleinstehende und 1600 DM für Verheiratete (im einzelnen vgl. Abschnitt C I). Bei Arbeitnehmern sind gegebenenfalls noch sparzulagenberechtigte vermögenswirksame Leistungen von bis zu 936 DM hinzuzurechnen.

Im Blick auf die Sparzeit empfiehlt es sich bei Bausparern, die noch keine konkrete Verwendung des Bausparvertrages zum Wohnungsbau oder -kauf im Auge haben, sich an der prämien- und steuerrechtlichen Bindungsfrist von 7 bzw. 10 Jahren zu orientieren. Überhaupt ist es zweckmäßig, die Sparzeit nicht allzu kurz anzusetzen, damit sich zum einen die Sparbeiträge auf möglichst viele Kalenderjahre verteilen und dadurch die staatlichen Sparhilfen einbringen, zum anderen die Bewertungszahlen des Bausparvertrages über eine genügend lange Zeit so gut entwickeln, daß sie für eine spätere Zuteilung ausreichend hoch sind.

Recht trivial, aber dennoch bedeutsam sind folgende Zusammenhänge. Je höher die Bausparsumme gewählt wird, desto höher fallen die zu zahlende Abschlußgebühr, der Regelsparbeitrag, das anzusammelnde Bausparguthaben, allerdings auch das zu erwartende – und später zu verzinsende und zu tilgende – Bauspardarlehen aus. Schon von der finanziellen Leistungsfähigkeit des Bausparers her gesehen sind deshalb gewisse Grenzen nach oben gesetzt. Andererseits wäre es falsch, den Vertrag über eine zu niedrige Bausparsumme abzuschließen, weil dann aus ihm unter Umständen schon nach ganz kurzer Sparzeit überhaupt kein Darlehensanspruch mehr hervorgehen würde. Zwar ist es möglich, die Bausparsumme zu erhöhen oder den Bausparvertrag mit einem neu abgeschlossenen Vertrag zusammenzulegen (vgl. B II 4 und 5); nach den prämien- und steuerrechtlichen Bestimmungen beginnt jedoch mit der Erhöhung bzw. dem Neuabschluß der Lauf einer neuen Bindungsfrist. Das kann später hinderlich sein, wenn sich die Bau- oder Kaufabsichten zerschlagen und das Bausparguthaben anderweitig verwendet werden soll.

Etwas anders sieht es aus, wenn das zu finanzierende Objekt und seine Gesamtgestehungskosten oder sein Kaufpreis feststehen. Alsdann gilt es, einen konkreten Finanzierungsplan aufzustellen, in den der Bausparvertrag nach Bausparsumme und Zahlungsverpflichtungen einzupassen ist. Auf die damit zusammenhängenden Fragen wird im Abschnitt E I eingegangen.

Neueren Datums ist die sogenannte Teil-Bausparsumme bzw. der Teil-Bausparvertrag. Bei dem Teil-Bausparsummen-Verfahren, das mehrere private Bausparkassen bei ihren Optionstarifen bieten, kann der Bausparer vorweg die Zuteilung einer Teil-Bausparsumme in doppelter Höhe des Bausparguthabens beantragen mit der Maßgabe, daß nicht nur das Sparguthaben, sondern auch der Sparverdienst sich hierauf vereinigt. Der Teilvertrag über die restliche Bausparsumme läuft ohne Bausparguthaben weiter und ist künftig zu besparen. In vergleichbarer Weise ermöglichen einige Landesbausparkassen die Bildung eines Teil-Bausparvertrages. Durch diese Neuerungen erlangt der Bausparer eine größere Flexibilität, ohne daß er gezwungen ist, die Bausparsumme ermäßigen zu lassen (vgl. B II 2).

VI. Abschlußgebühr

Der Bausparer hat für den Bausparvertrag eine Abschlußgebühr zu zahlen, die bei den meisten Bauspartarifen 1% der Bausparsumme beträgt. Die privaten Bausparkassen führen durchweg auch Tarife mit einer Abschlußgebühr von 1,6% der Bausparsumme, und zwar überwiegend bei den 2,5%/4,5%-Niedrigzinstarifen und den Optionstarifen (im einzelnen siehe Tabelle 2 Spalte 5).

Die Bausparkasse GdF Wüstenrot, das Beamtenheimstättenwerk und die Landesbausparkasse Württemberg erheben bei bestimmten Vertragsabschlüssen nur eine Einlage in Höhe der Abschlußgebühr, die ihrerseits erst bei Inanspruchnahme des Bauspardarlehens fällig wird. Die Einlage bleibt unverzinst oder wird (beim Beamtenheimstättenwerk) wie das Bausparguthaben verzinst. Der Bausparer erhält die (un-)verzinsliche Einlage zurück, wenn er auf das Bauspardarlehen verzichtet (im Falle der Kündigung teilweise). Andere Institute haben in ihren ABB ausdrücklich die Erstattung der (normalen) Abschlußgebühr oder die Anrechnung auf einen Folgevertrag bei Darlehensverzicht geregelt. All dies soll demjenigen Interessenten den Zugang zum Bausparen erleichtern, der in der Verwendung des Bausparvertrages noch unentschlossen ist.

Zuweilen verstehen die Bausparer nicht, warum sie, wenn sie sich der Bauspargemeinschaft anschließen und zunächst nur sparen wollen, quasi ein Eintrittsgeld entrichten müssen. Sie meinen, daß es andernorts – jedenfalls für Sparvorgänge – solche Abschlußgebühren nicht gäbe.

Der Bausparkasse entstehen erhebliche Aufwendungen aus der Akquisition des Neugeschäfts, das seinerseits für das dauernde Funktionieren des kollektiven Bausparens unbedingt notwendig ist. Die Werbung und die Außendienstorganisation verursachen beträchtliche Kosten, die aus den Abschlußgebühren bestritten werden müssen. Dabei ist zu bedenken, daß die Mög-

24

lichkeiten der Bausparkasse, Erträge zu erzielen, durch die feste Zinsspanne von regelmäßig nur 2% − z. B. zwischen Darlehenszinsen von 5% und Guthabenzinsen von 3% − stark begrenzt, jedenfalls nicht so groß sind wie sonst in der Kreditwirtschaft, die ihre Konditionen auf der Spar- und der Kreditseite grundsätzlich frei festlegen kann.

Des weiteren sollte man sich den Charakter des Bausparvertrages als Darlehensvorvertrag vor Augen halten. Die Abschlußgebühr bezieht sich auf die volle Bausparsumme, die später einmal bis zu 60% von dem Bauspardarlehen bedeckt wird. Insofern kommt die Abschlußgebühr einem vorweggenommenen Aufgeld (Agio) gleich, das bei sonstigen Baudarlehen − dort allerdings meist als Abgeld (Disagio), d. h. mit Auszahlungskursen unter 100% − üblich ist. Folgerichtig wird die Abschlußgebühr auch anteilig in die Berechnung des effektiven Jahreszinses für die Bauspardarlehen einbezogen (vgl. Abschnitt F VI).

Schließlich trifft es durchaus nicht zu, daß bei sonstigen Sparplänen oder Sparprozessen Abschlußkosten nicht anfallen. Es braucht nicht einmal an die horrenden Einbehalte aus dem Sparaufkommen der ersten Monate oder Jahre bei Investment-Sparplänen ausländischer Provenienz erinnert zu werden. Vielmehr fallen auch bei Lebensversicherungsverträgen Abschlußkosten an, die der Versicherungsnehmer letztlich selbst tragen muß, auch wenn ihm deren Höhe verborgen bleibt. Demgegenüber arbeiten die Bausparkassen auf einer Art Nettobasis, die alle Kosten (Abschluß- und Kontogebühr, Darlehensgebühr und -zinsen sowie weitere Gebühren in Sonderfällen) und Erträge (im wesentlichen Guthabenzinsen) klar erkennen läßt.

VII. Sonstige Gebühren

Dem Bausparvertrag wird während seiner gesamten Laufzeit, also auch in der Tilgungsphase, jährlich eine Kontogebühr belastet. Das Minimum liegt derzeit bei 6 DM, das Maximum bei 15 DM. Die meisten Bausparkassen sahen sich gezwungen, in der letzten Zeit die Kontogebühren stufenweise zu erhöhen.

Dies ist eine Folge der Kostensteigerungen im Dienstleistungsbereich. Auch für die Zukunft wird man Erhöhungen der Kontogebühren nicht ausschließen können.

Einige Bausparkassen erheben eine zusätzliche Gebühr für die Lieferung der Hauszeitschrift. Andere Institute kommen ihren Bausparern insofern entgegen, als sie die Kontogebühr nur für einen Erstvertrag, nicht mehr jedoch (oder nicht in voller Höhe) für Folgeverträge erheben.

Abschluß- und Kontogebühr sowie die Darlehensgebühr und eventuell Disagio oder Agio (siehe dazu F I) gehören zu den bei einem planmäßigen Ablauf des Bausparvertrages anfallenden Gebühren. Darüber hinaus können dem Bausparkonto noch weitere Gebühren belastet werden. Die Bausparkassen sind gehalten, die wesentlichen Gebühren für besondere, nicht im regelmäßigen Ablauf des Bausparvertrages liegende Dienstleistungen in ihren Gebührentabellen im einzelnen aufzuführen und dem Bausparer auf Anforderung ihre Gebührentabelle in der jeweils gültigen Fassung zur Verfügung zu stellen. Doch bleiben Gebührenänderungen vorbehalten.

B. Sparbedingungen

In diesem Teil werden die Besonderheiten des Bausparens in der Ansparzeit besprochen, um die Bankkaufleute, speziell Baufinanzierungs- und Anlageberater, wissen sollten.

I. Sparzahlungen

1. Sparbeiträge

a) Regelsparbeiträge

Die Allgemeinen Bedingungen für Bausparverträge (ABB) aller Bausparkassen sehen Regelsparbeiträge vor, die der Bausparer in der Ansparzeit monatlich zu zahlen hat. Die Regelsparbeiträge sind in ‰ (Promille, also v. T.) der Bausparsumme festgesetzt. Der niedrigste vorkommende Promillesatz beläuft sich auf 3‰, der höchste auf 10‰. Eine Gesamtübersicht findet sich in Spalte 6 der Tabelle 2.

Die Höhenlage der Regelsparbeiträge differiert demnach beträchtlich. Bei den klassischen Bauspartarifen liegt das Schwergewicht der Promillesätze etwa bei 4‰ bis 5‰. Es kommen jedoch auch Bauspartarife mit niedrigeren und höheren Regelsparbeiträgen vor. Was ist dazu zu sagen? Handelt es sich hierbei etwa um billigere oder teurere Tarife? Welcher Regelsparbeitrag ist im Einzelfall am günstigsten?

Auf die zuletzt genannte Frage gibt es wiederum keine allgemeingültige Antwort. Beabsichtigt der Bausparinteressent eine sehr rasche und kräftige Besparung des Vertrages, so wird er einen hohen Promillesatz des Regelsparbeitrages nicht scheuen. Will er sich für den Sparprozeß mehr Zeit lassen oder reicht seine Sparkraft nicht aus, so wird er den Bauspartarif mit einem niedrigeren Regelsparbeitrag bevorzugen. In der Gestalt von Sondersparzahlungen, die bei allen Bausparkassen zugelassen sind, kann er ohnehin freiwillig höhere Sparleistungen erbringen, wenn er hierzu späterhin in der Lage ist.

Von billigeren oder teureren Bauspartarifen zu reden, ist nicht angängig; vielmehr muß man nach Langzeit-, Mittellaufzeit- und Schnelltarifen bzw. den entsprechenden Varianten von Optionstarifen unterscheiden. Darauf ist unter A IV schon hingewiesen worden. In bezug auf die Regelsparbeiträge kann man die Bauspartarife etwa so klassifizieren, daß grundsätzlich Tarife mit Regelsparbeiträgen von

- weniger als 4‰ der Bausparsumme zu den Langzeittarifen
- 4‰ bis 5‰ der Bausparsumme zu den Mittellaufzeittarifen und
- deutlich mehr als 5‰ zu den Schnelltarifen rechnen.

Genau besehen kommt es aber auch auf die Tilgungsbeiträge an, die bei den Langzeittarifen generell unter 5‰ der Bausparsumme, bei den Mittellaufzeittarifen zwischen 5‰ und 6‰ und bei den Schnelltarifen wesentlich über 6‰ liegen. Die Optionstarife einiger privater Bausparkassen entziehen sich einer Katalogisierung, weil sie Kurz- bis Langzeitversionen in sich vereinigen. An sich müßte man sagen, daß der Langzeittarif unbedingt vorzuziehen ist, weil er den Bausparer zu den niedrigsten Regelsparbeiträgen verpflichtet und es in sein freies Belieben gestellt ist, Sondersparzahlungen zu leisten. Für eine Gesamtwürdigung muß man aber auch die weiteren Unterschiede von Langzeit- und Schnelltarifen einbeziehen. Einerseits geht ein höherer Regelsparbeitrag durchweg mit einem höheren Tilgungsbeitrag einher, erfordert also höhere Zahlungsverpflichtungen auch in der Darlehensphase; andererseits weisen die Schnelltarife oder die Schnellvarianten der Optionstarife der Bausparkassen Vorzüge insofern auf, als bei ihnen das Wartezeitniveau niedriger liegt, weil z. B. die höhere Geldleistung des Bausparers einen höheren Bewertungszahlfaktor rechtfertigt als bei den Mittellauf- und Langzeittarifen. Außerdem dauert bei einem Langzeittarif der Ansparprozeß für die große Mehrheit der Bausparer viel zu lange. Daraus erklärt sich auch die Tatsache, daß die Bausparer in den letzten Jahrzehnten im Durchschnitt mehr an Sparzahlungen aufgebracht haben, als sie bedingungsgemäß zu tun verpflichtet sind. Überhaupt ist erstaunlich, wie das Bausparen und das mit ihm anvisierte Sparziel die Sparkraft mobilisieren.

Bei vielen Tarifen der deutschen Bausparkassen übersteigt

die tatsächliche zum Teil die tarifliche Sparintensität (Verhältnis der Bausparbeiträge zum mittleren Bestand an nicht zugeteilten Bausparsummen). So gesehen ist kein ernsthafter Hinderungsgrund zu erkennen, von Anfang an einen Normaltarif mit einem Regelsparbeitrag in der Größenordnung von 5% bis 6% der Bausparsumme jährlich zu wählen oder sogar einen Schnelltarif, wenn der höhere Aufwand an Spar- und Tilgungsbeiträgen tragbar erscheint.

b) Sonderzahlungen

Nach den Bausparbedingungen hat der Bausparer das Recht, jederzeit Sonderzahlungen zu leisten. Selbstverständlich verbessern Sondersparzahlungen die Entwicklung des Bausparvertrages und dessen Zuteilungsaussichten. Im Bauspargeschäft sind Sonderzahlungen weit verbreitet. Den Bausparkassen sind Sonderzahlungen sehr willkommen, weil dadurch mehr Geld in die Zuteilungsmasse fließt und für Zuteilungen zur Verfügung steht. Die erhöhte Sparintensität bildet einen der wirksamsten wartezeitverkürzenden Faktoren im Bausparwesen.

Den Extremfall einer Sondersparzahlung bildet die Ansparung des tariflichen Mindestsparguthabens von 40% oder 50% der Bausparsumme unmittelbar nach Vertragsabschluß. Man nennt eine solche Vertragsgestaltung, die meist mit einer sehr bald nachfolgenden Zwischenfinanzierung einhergeht, Schnellfinanzierung. Durch die Schnellfinanzierung will der Bausparer eine Zuteilung und damit die Realisierung des zinsgünstigen Darlehensanspruchs, durchweg auch die Ablösung des an ihn schon ausgezahlten Zwischendarlehens, im frühestmöglichen Zeitpunkt erreichen. Es liegt auf der Hand, daß massierte Schnellfinanzierungen, zumal solche über sehr hohe Bausparsummen, den gleichmäßigen Ablauf des Bauspargeschäfts stören können. Zwar kommen der Zuteilungsmasse die hohen Sparzahlungen der Schnellbausparer zugute, dem folgen jedoch die Zuteilungsannahmen und Auszahlungen der Bausparsummen aus der Zuteilungsmasse mit Sicherheit nach. Deshalb sind die Bausparkassen grundsätzlich berechtigt, die Annahme von Sondersparzahlungen von ihrer Zustimmung abhängig zu machen. Im Normalfall braucht der Bausparer aber, insbesondere wenn er nur einen relativ kleinen Bausparvertrag führt, nicht damit zu rechnen, daß die Bausparkasse seine Sonderzahlung nicht annimmt. Auf die Schnellfinanzierung allgemein wird nochmals unter D V 3 eingegangen.

c) Zahlungsrückstand

Bei der Verpflichtung des Bausparers zur Zahlung der Bausparbeiträge handelt es sich rechtlich um eine Naturalobligation. Sie ist nicht einklagbar. Eine solche Sparverpflichtung ist anders zu beurteilen als die Verpflichtung zu Verzinsung und Tilgung einer Schuld. Erst mit der Auszahlung des Bauspardarlehens gerät der Bausparer in eine Schuldnerposition; während des Sparstadiums nimmt er gegenüber der Bausparergemeinschaft eine Gläubigerstellung ein. Wenn der Bausparer mit seinen Sparzahlungen säumig wird, so schadet er im wesentlichen sich selbst, weniger oder gar nicht einem Dritten.

Gleichwohl treffen die Bausparbedingungen Vorsorge für den möglichen Fall, daß der Bausparer nicht einmal die Regelsparbeiträge zahlt. Dazu heißt es dort: »Ist der Bausparer unter Anrechnung von Sonderzahlungen mit mehr als 6 Regelsparbeiträgen rückständig und hat er der schriftlichen Aufforderung der Bausparkasse, nicht geleistete Bausparbeiträge zu entrichten, länger als 2 Monate nach Zugang der Aufforderung nicht entsprochen, so kann die Bausparkasse den Bausparvertrag kündigen« (§ 5 Absatz 3 der ABB der Bausparkasse GdF Wüstenrot).

Die meisten Bausparkassen überwachen den Zahlungseingang in der Ansparzeit überhaupt nicht. Die innere Logik einer mehr oder weniger regelmäßigen Ansparung ist so groß, daß es sich nicht lohnt, den relativ wenigen Fällen nachzugehen, in denen die Bausparer, aus welchen Gründen auch immer, ihren Sparplan nicht einhalten. Überdies sind den Bausparkassen die Langsamsparer keineswegs unwillkommen, da sie ihr Spargeld dem Kollektiv lange zur Verfügung stellen, ohne vorerst das Anrecht auf eine Zuteilung, also auf die Gegenleistung der Bauspargemeinschaft, zu erwerben.

Wenn eine Bausparkasse Zahlungsrückstände anmahnt, so ist sie nach dem Wortlaut der Bausparbedingungen keineswegs gezwungen, auch die Kündigung des Bausparvertrages auszusprechen. Wichtig ist, daß Sondersparzahlungen anzurechnen sind. Hat der Bausparer also beispielsweise eine Sonderzahlung in Höhe von 2 Jahressparbeiträgen geleistet, so kann er in der Folgezeit insgesamt bis zu 24 Monaten mit der Entrichtung von Regelsparbeiträgen aussetzen.

Bei zugeteilten Verträgen tritt an die Stelle des Rechtes der Bausparkasse, den Bausparvertrag zu kündigen, das Recht, das dem Bausparer bereitgestellte oder bereitzustellende Bauspardarlehen um die rückständigen Regelsparbeiträge samt deren Zinsen zu kürzen. Auch hier handelt es sich nicht um eine Muß-, sondern um eine Kannvorschrift, die lediglich verhindern soll, daß der Bausparer beliebig lange die Rechte aus dem zugeteilten Bausparvertrag ohne die Zahlung weiterer Sparbeiträge aufrechterhalten kann. In der Praxis werden zugeteilte Verträge nur für eine begrenzte Zeit fortgesetzt. Entweder macht der Bausparer hieraus nach ganz wenigen Jahren die Rechte der früheren Zuteilung wieder geltend (vgl. D IV), oder er wünscht eine Vertragsänderung (wie Erhöhung der Bausparsumme oder Zusammenlegung mit einem anderen Bausparvertrag), bei der er ohnehin auf die Rechte und Ansprüche aus der Zuteilung verzichten muß.

d) Freizügigkeit der Sparweise

Durch die Möglichkeit, praktisch jederzeit Sondersparzahlungen leisten zu können, ist die Sparweise beim Bausparvertrag recht freizügig. Hinzu kommt, daß dem Bausparer im Falle des Zahlungsrückstandes keine ernsthaften Sanktionen drohen und daß – wie im Abschnitt B II noch geschildert werden wird – das Instrument Bausparvertrag im Sparstadium flexibel ist. In alldem ist ein Vorzug des Bausparens zu sehen, den manche anderen Sparformen in diesem Umfang nicht bieten können.

Zur Freizügigkeit der Sparweise gehört, daß der Bausparer nicht zur Entrichtung der Regelsparbeiträge im Monatsrhythmus gezwungen ist. Der Bausparer kann den Zahlungsrhythmus so wählen, wie er ihm am günstigsten erscheint, sei es, daß er tatsächlich Monatssparbeiträge leistet oder einmalige Sparzahlungen in Zeitpunkten, in denen er über größere Geldbeträge verfügt, sei es, daß er die für das Bausparwesen typischen Bewertungsstichtage ausnutzt (vgl. D II).

2. Guthabenverzinsung

a) Zinssätze

Im deutschen Bausparen gibt es mehrere Höhenlagen der tariflichen Guthabenverzinsung. Der Schwerpunkt liegt bei jährlichen Guthabenzinssätzen von 2,5%, 3% und 4%. In wenigen Fällen beläuft sich der Zinssatz für die Bausparguthaben auf 2,0% und 2,25% oder auf rund 4,5% und unter bestimmten Voraussetzungen sogar auf 4,75%.

Fast alle Bausparkassen führen das klassische Verzinsungsmodell mit 3%iger Guthaben- und 5%iger Darlehensverzinsung, daneben meist den 2,5%/4,5%-Niedrigzinstarif oder eine entsprechende Tarifvariante. Ein vollständiger Überblick findet sich in Spalte 7 von Tabelle 2. Dort sind in Spalte 8 auch die Darlehenszinssätze aufgeführt, die immer im Zusammenhang mit den Guthabenzinssätzen zu sehen sind.

Bei den meisten Optionstarifen kann sich der Bausparer für zwei oder drei Zinsebenen entscheiden. Entweder ist der höhere Guthabenzinssatz der Hochzinsvariante in den Allgemeinen Bedingungen für Bausparverträge (ABB) unmittelbar genannt, so zum Beispiel bei einigen privaten Bausparkassen statt 2,5% in der Niedrigzinsvariante mit 4%, oder aber die höhere Guthabenverzinsung wird durch einen Zinsbonus bewirkt, der zu dem Basiszinssatz von 2,5% für die Niedrigzinsvariante hinzutritt. Ein erstes Beispiel für die Bonuslösung bildet der Variotarif der Landesbausparkassen, bei dem in der Mittelzinsvariante der Bonus 0,5% und damit die Gesamtverzinsung 3%, in der Hochzinsvariante der Bonus 1,5% und somit der Gesamtzinssatz 4% beträgt. Der Optionstarif der Bausparkasse GdF Wüstenrot ist ein zweites Beispiel: Durch einen Zinsbonus von 40% in der Mittel- und 80% in der Hochzinsvariante, der sich jeweils auf die 2,5%ige Grundverzinsung in der Niedrigzinsvariante bezieht, ergibt sich eine Guthabenverzinsung von annähernd 3,5% bzw. knapp 4,5%.

Im einzelnen kommt es bei einem Wechsel im Laufe der Sparzeit auf eine höhere Zinsebene darauf an, ob dabei der Guthabenzins oder der Zinsbonus rückwirkend auf den Vertragsbeginn gilt. Das letztere ist zum Beispiel bei dem erwähnten Wüstenrot-Optionstarif der Fall. Wechselt der Bausparer hingegen beim Variotarif der öffentlich-rechtlichen Bausparkassen zu einer höheren Guthabenverzinsung über, so greift diese erst ab dem Tag, an dem die schriftliche Mitteilung des Bausparers über den Wechsel bei der Bausparkasse eingeht, durch. Darüber hinaus kann die Ausübung der Zinsoptionen eingeschränkt oder erschwert sein. So lassen die ABB einiger Bausparkassen den Wechsel nur in eine bestimmte Richtung zu. Andere fordern, daß die erreichte Bewertungszahl in einem bestimmten Ausmaß gekürzt wird oder eine bestimmte Mindesthöhe erreicht haben muß. Genaueres geht jeweils aus § 6 ABB, ergänzend aus deren § 20 hervor.

Seit neuestem gibt es sogar in drei Fällen Gestaltungsweisen, die einer zinslosen Sparphase des Bausparens gleichkommen. § 20 Abs. 1 der ABB des Bauspartarifs D der BHW Bausparkasse wie auch der BHW Allgemeine Bausparkasse bestimmen, daß der nominelle Darlehenszinssatz mit Zustimmung der Bausparkasse von 5% auf 2,25% herabgesetzt werden kann, wenn der Bausparer in einen Einbehalt der Summe sämtlicher Zinsgutschriften auf die Bauspareinlagen zugunsten der Bausparkasse einwilligt. Nach Abs. 3 des Anhangs zu § 11 der ABB des Tarifs LW der Leonberger Bausparkasse kann der gleiche Einbehalt der Zinsgutschriften in eine Halbierung der erforderlichen Bewertungszahl, d. h. in eine Abkürzung der Sparzeit umgemünzt werden.

Dieser Tarif LW sieht die derzeit höchste Guthabenverzinsung im Bausparen mit 4,75% jährlich vor, jedoch nur für den Fall des Darlehensverzichts nach beträchtlicher Spardauer. Auch im Tarif IWS der Iduna Bausparkasse erhält der Bausparer den Zinsbonus nur nach langjähriger Regelbesparung und Darlehensverzicht. Hingegen ist die Treueprämie der Quelle Bauspar AG nach § 6a ihrer ABB zwar an das Erreichen bestimmter Prozentguthaben und Bewertungszahlen geknüpft, nicht aber an einen Darlehensverzicht.

Wo liegen Vor- und Nachteile der Zinstypen? Die Niedrigzinstarife und die Niedrigzinsvarianten von Optionstarifen sind eindeutig auf den Bausparer ausgerichtet, der nach kurzer Sparzeit das Bauspardarlehen aufnehmen will. Er muß zwar in der Sparzeit eine gewisse Einbuße an Guthabenzinsen hinnehmen; es überwiegt aber durchweg der Zinsgewinn in der Darlehensphase. Dieser Vorteil geht um so mehr zurück, je länger die Sparzeit dauert und je höher das Bausparguthaben angespart wird, d. h., je niedriger das Bauspardarlehen ausfällt und je schneller es getilgt wird. Sofern die Bausparer für den Niedrigzinstarif eine Abschlußgebühr von 1,6% statt 1% der Bausparsumme und für das Bauspardarlehen eventuell sogar eine 3%ige statt 2%ige Darlehensgebühr zu zahlen haben, müßte diese Verteuerung ebenfalls ins Kalkül gezogen werden (vgl. die Spalte 5 der Tabelle 2 und die Spalte 7 der Tabelle 11).

Je länger demnach voraussichtlich die Sparzeit dauert und je ungewisser es ist, ob überhaupt das Bauspardarlehen in Anspruch genommen wird, um so mehr sollte der Bausparer Wert auf eine möglichst hohe Guthabenverzinsung legen. Bei sehr langer Ansparzeit von 10 und mehr Jahren empfehlen sich unbedingt die Hochzins-Langzeittarife oder die Hochzinsvarianten der Optionstarife. Dadurch sichert sich der Bausparer nicht nur die höchstmögliche und überdies tariflich garantierte Verzinsung im Bausparen, sondern auch noch den Anspruch auf ein Bauspardarlehen mit längerer Laufzeit, d. h. mit niedrigeren Tilgungsbeiträgen. Freilich muß bei den Hochzinstarifen bzw. -varianten der höhere Darlehenszins in Kauf genommen werden. Das braucht aber im allgemeinen nicht zu stören, weil wirtschaftlich gesehen der höhere Zinsertrag in der (zeitnäheren) Sparzeit den höheren Zinsaufwand im Darlehensstadium meist überwiegt oder zumindest erreicht.

b) Verzinsungsbeginn

Die Bausparbeiträge werden heute durchweg kontokorrentmäßig, d. h. von dem Tag des Zahlungseingangs bei der Bausparkasse an, verzinst. Die taggenaue Berücksichtigung aller Zahlungseingänge war früher keineswegs allgemeine Bausparpraxis. Verzinsungsbeginn war vielmehr häufig der Erste des auf den Zahlungseingang folgenden Kalendervierteljahres (Quartalsmodell) bzw. Monats (Monatsmodell). Anzutreffen war auch ein unechtes Monatsmodell, bei dem für Sparzahlungen, die bis zum 5. oder 15. eines Monats eingegangen sind, die Verzinsung erst mit dem nächsten, sonst mit dem übernächsten Monatsersten begann.

Dieses unechte Monatsmodell der Guthabenverzinsung hat der Bundesgerichtshof mit Urteil vom 9. 7. 1991 für rechtswirksam erklärt. Maßgebend war für ihn, daß der taggenaue Verzinsungsbeginn gesetzlich nicht vorgeschrieben sei und daß der Bausparer ihn auch nicht unbedingt erwarte.

3. Sicherheit der Geldanlage auf dem Bausparvertrag

a) Vorbemerkungen

Wenn der Rückschluß von Erfahrungen der Vergangenheit auf Erwartungen für die Zukunft erlaubt ist, so möge am Anfang die Feststellung stehen, daß nach der Währungsreform des Jahres 1948 kein Bausparer auch nur eine Bausparmark verloren hat. In dieser Zeit ist keine Bausparkasse in Konkurs gegangen. Zwar mußten einige wenige Institute das Bauspargeschäft einstellen oder von anderen Bausparkassen übernommen werden; in einem Falle war auch eine größere Liquiditätshilfe in der Form einer Stützungsaktion fast aller Bausparkassen erforderlich, weil eine Kasse wegen verfehlter Geschäftspolitik in Zuteilungsschwierigkeiten geraten war.

Aber auch hier haben die Bausparer ihre Geldanlagen auf den Bausparkonten nicht eingebüßt. Allenfalls sind die noch sparenden Bausparer indirekt insofern berührt worden, als sich die Wartezeit verlängert und dadurch die Auszahlung des Bausparguthabens etwas verzögert hat. Überhaupt ist auf den Gesichtspunkt der Wartezeit zu verweisen. Bei knapper werdenden Zuflüssen zur Zuteilungsmasse und wachsenden Ansprüchen an sie steigen die Zielbewertungszahlen, verlängern sich die Wartezeiten und damit die Bindung der Bausparguthaben im Kollektiv. Das mag die Dispositionen des Bausparers, der mit einer früheren Zuteilung und einer rascheren Auszahlung seines Bauspargeldes gerechnet hat, stören. Darin kann man eine mittelbare Beeinträchtigung sehen, keineswegs eine unmittelbare und schon gar nicht den Verlust des Bausparguthabens.

Nach den Allgemeinen Bedingungen für Bausparverträge haben die Bausparkassen im Falle einer Kündigungswelle die Möglichkeit, die Rückzahlungen gekündigter Bausparguthaben hinauszuschieben (vgl. B II 7). Sie haben davon jedoch in den letzten Jahrzehnten keinen Gebrauch gemacht. Bei nicht allzu hohen Kündigungsquoten ist unter normalen Voraussetzungen nicht ernsthaft zu befürchten, daß die Bausparguthaben nur verzögert oder in Raten zurückgezahlt werden. Immerhin wird der Bausparer durch die betreffenden Bestimmungen der Bausparbedingungen daran erinnert, daß ein Bausparkonto – wie andere Geldanlageformen – nicht den gleichen Liquiditätsgrad bieten kann wie ein Sparbuch oder gar ein laufendes Konto.

Die Kündigungsbestimmungen für den Fall, daß die Rückzahlungen mehr als ein Viertel der verfügbaren Zuteilungsmittel ausmachen, berühren jedoch im Grunde die Sicherheit der Bauspareinlagen ebensowenig wie die Vorschriften über die vereinfachte Abwicklung. Nach dem übereinstimmenden Wortlaut der Absätze 2 und 3 von § 32 der Bausparbedingungen aller Institute können die Bausparverträge, wenn die Bausparkasse den Geschäftsbetrieb einstellt, mit Zustimmung des Bundesaufsichtsamtes für das Kreditwesen vereinfacht abgewickelt werden. Dabei hören die Sparzahlungen, die Zuteilungen und weitere Darlehensauszahlungen auf. Die Bausparguthaben werden unter Abzug der Abwicklungskosten so zurückgezahlt, wie es die verfügbaren Mittel – sie bestehen alsdann im wesentlichen nur noch aus den Tilgungsrückflüssen der früher herausgelegten Bauspardarlehen – zulassen. Die vereinfachte Abwicklung stellt eine Ultima ratio für den äußersten Notfall dar; sie ist eindeutig auf die – allerdings stark verlangsamte – Rückzahlung der Bausparguthaben ausgerichtet, die allenfalls um gewisse Abwicklungskosten vermindert werden. Durch die noch zu behandelnden aufsichtsbehördlichen Eingriffsmöglichkeiten ist zu hoffen, daß in der Praxis von diesen Vertragsbestimmungen niemals Gebrauch gemacht werden muß.

Was die Sicherheit der Geldanlage auf dem Bausparvertrag

angeht, so sind vor allem die Vorschriften des Bausparkassen-gesetzes und der dazu ergangenen Bausparkassen-Verordnung und nicht zuletzt die Befugnisse der Aufsichtsbehörde ausschlaggebend. Die wichtigsten Sachverhalte sollen im folgenden kurz dargestellt werden.

b) Bausparkassengesetz

Am 1.1. 1973 ist das Bausparkassengesetz (BSpKG) in Kraft getreten. Seitdem unterstehen alle deutschen Bausparkassen der einheitlichen Fachaufsicht des Bundesaufsichtsamtes für das Kreditwesen (BAKred). Der Gesetzgeber hat dadurch kodifiziert, daß die Bausparkassen Spezialkreditinstitute der nachrangigen Wohnungsbaufinanzierung sind und bleiben. Nur Bausparkassen dürfen das Bauspargeschäft betreiben. Die Finanzierung zur ersten Rangstelle ist ebenso Ausnahme wie die Beleihung gewerblicher Objekte.

Das kollektive Bausparen ist das Hauptgeschäft der Bausparkassen. Es ist der Wille des Gesetzgebers, daß das Bausparsystem auch dann leistungsfähig bleiben soll, wenn die bauspartechnischen Daten einmal ungünstig sein sollten. Die Funktionsfähigkeit wird unter anderem dadurch gesichert, daß den Bausparkassen gewisse Refinanzierungsmöglichkeiten eröffnet sind (Aufnahme fremder Gelder von Kreditinstituten und sonstigen Kapitalsammelstellen, Annahme fremder Gelder von sonstigen Gläubigern, vor allem in Form von Spargeldern und Depositeneinlagen, Ausstellung von Inhaberschuldverschreibungen mit höchstens fünfjähriger Laufzeit). Die den Bausparkassen zugestandenen Nebengeschäfte sind stark begrenzt und nur so weit erlaubt, als sie das Hauptgeschäft fördern. Schließlich – und dies interessiert hier besonders – soll wegen der Langfristigkeit des Bausparens und der nachrangigen Sicherstellung des Bausparkredits das BSpKG den Schutz vor Vermögensverlusten verbessern.

Die zulässigen Geschäfte der Bausparkassen sind im Gesetz abschließend aufgezählt. Dazu gehören die Vor- und Zwischenfinanzierung von Bausparverträgen, die Gewährung von Sofortdarlehen außerhalb des Bausparvertrages für wohnungswirtschaftliche Maßnahmen, die Übernahme von Gewährleistungen (Bürgschaften) für Baudarlehen anderer Institute jeweils im Rahmen ganz bestimmter Begrenzungen sowie die Verwaltung, Vermittlung und Bewilligung von Wohnungsbaudarlehen anderer Kreditinstitute, z. B. bei Gesamtbaufinanzierungen. Gesetzlich festgelegt ist auch, wie die Bausparkassen verfügbares Geld nutzbar machen dürfen.

Die Bausparkassen müssen ihrem Geschäftsbetrieb Allgemeine Geschäftsgrundsätze und Allgemeine Bedingungen für Bausparverträge zugrunde legen, die in ihren entscheidenden Teilen der Genehmigung durch die Aufsichtsbehörde bedürfen. Schließlich ordnet das Gesetz eine strenge Zweckbindung der Bausparmittel und für den Regelfall eine grundbuchliche Sicherung der Forderungen aus Darlehen an.

Das BSpKG ist mit Wirkung vom 1. 1. 1991 novelliert worden. Neben einigen Anpassungen an inzwischen eingetretene Änderungen und Erleichterungen im Blick auf die bevorstehende Wirtschaftsunion in der Europäischen Gemeinschaft sind damit auch Neuerungen kodifiziert worden, die unmittelbare Auswirkungen auf die Bauspartarife und das Bausspargeschäft haben. Dazu gehört vor allem die Forderung des Gesetzgebers, daß die Bauspartarife ein angemessenes Verhältnis zwischen den Leistungen des Bausparers und denen der Bausparkasse (individuelles Sparer-Kassen-Leistungsverhältnis) aufweisen müssen. Dies wird durch die Aufnahme von Mindestbewertungszahlen in die ABB erreicht (vgl. D II 3). Darüber hinaus haben die Bausparkassen aus den Zusatzerträgen, die sie dadurch erzielen, daß die Mindestbewertungszahlen eine frühere Zuteilung verhindern, einen sogenannten Fonds zur bauspartechnischen Absicherung zu dotieren, aus dessen Mitteln sie in Zeiten verschlechterter Zuteilungsverhältnisse die Einschleusung außerkollektiver Mittel in die Zuteilungsmasse finanzieren können oder müssen.

c) Bausparkassen-Verordnung

Das BSpKG hat die Einzelregelung für verschiedene Tatbestände in eine Rechtsverordnung verwiesen, da eine gesetzliche Normierung sich als zu starr erweisen und eine raschere Anpassung an veränderte Daten des Wirtschaftszweiges verhindern würde. Die Verordnung befaßt sich mit den folgenden Vorgängen:

1. Vor- und Zwischenfinanzierungskredite aus Zuteilungsmitteln
   Bausparkassen dürfen überschüssige Zuteilungsmittel nur zum Teil in Voraus- und Zwischendarlehen anlegen. Auch deren voraussichtliche Laufzeit bis zur Zuteilung ist begrenzt.

2. Groß- und Schnellfinanzierungen
   Der Anteil der Großbausparverträge (Bausparsummen von mehr als 300 000 DM; Vertragsabschlüsse innerhalb von 12 Monaten sind dabei zusammenzurechnen) wird nach Bestand und Zugang kontingentiert. Darauf sind die Schnellfinanzierungen (Bausparverträge mit Ansparung des tariflichen Mindestsparguthabens während der ersten 12 Monate nach Vertragsabschluß) anzurechnen.

3. Gewerbliche Finanzierungen
   Vom gesamten Darlehensbestand darf nur ein niedriger Anteil auf Beleihungen gewerblichen Charakters entfallen.

4. Darlehen an Beteiligungsgesellschaften
   Stark restriktiv verhält sich das Gesetz auch gegenüber Darlehen der Bausparkassen an Beteiligungsgesellschaften.

5. Ersatzsicherheiten
   Begrenzt sind die Darlehen, für die nicht eine grundbuchliche Sicherung, sondern Ersatzsicherheiten gestellt werden.

6. Negativerklärungen und Blankodarlehen
   Schließlich sind auch die Obergrenzen der Darlehen festgelegt, bis zu denen Bausparkassen ohne eine Grundbuchsicherung, die an sich aber möglich wäre, mit oder ohne Verpflichtungserklärung nach § 7 Abs. 4 Nr. 1 des Bausparkassengesetzes Darlehen herauslegen können.

7. Zuteilungsvoraussetzungen und Mindestbewertungszahlen
   Hier ist u. a. festgelegt, zu welchen individuellen Sparer-Kassen-Leistungsverhältnissen die Mindestbewertungszahlen führen müssen und welche Anpassungsmaßnahmen gegebenenfalls notwendig oder möglich sind.

8. Zuführungen zum Fonds zur bauspartechnischen Absicherung

Der Fonds ist nach bestimmten Vorschriften zu dotieren, bis 3% der Bauspareinlagen erreicht sind. Die Jahreszuführung bemißt sich nach der sogenannten Schwankungsreserve, die sich in der Zuteilungsmasse durch die Mindestbewertungszahlen bildet, sowie nach dem Unterschied zwischen dem außerkollektiven und dem kollektiven Zinssatz.

9. Einsatz der Mittel des Fonds

   Konkrete Bestimmungen gelten ebenso für die Finanzierung der Stützung des Bausparkollektivs bei Überschreiten bestimmter Zielbewertungszahlen.

10. Übergangsvorschriften

   Bis auf weiteres gibt es Ausnahmen für die Mindestbewertungszahlen der schon vor dem 1.1. 1991 angebotenen Standardtarife, durch die dem 40%-Schnellsparer eine Wartezeit von mindestens 45 Monaten zugestanden wird.

Es bedarf keiner näheren Erläuterung, daß die skizzierten Bestimmungen dem »Schutz der Gläubiger von Bausparkassen« gelten, wie die Verordnung sogar ausdrücklich heißt. Den Bausparguthaben kann deshalb trotz überwiegend nachrangiger Sicherstellung der Bauspardarlehen, in denen die Guthaben angelegt sind, ein hoher Grad der Sicherheit zuerkannt werden. Dazu trägt bei, daß der Darlehensgewährung eine Ansparphase vorausgeht, in der die Bausparkasse die Zahlungsmoral des Bausparers durch eine planmäßige Ansparung des erforderlichen Bausparguthabens bereits kennengelernt hat.

d) Aufsichtsbehörde

Wie schon erwähnt, übt das BAKred die Aufsicht über die Bausparkassen nach den Vorschriften des BSpKG und des Gesetzes über das Kreditwesen aus. Es ist befugt, im Rahmen der Aufsicht alle Anordnungen zu treffen, die erforderlich sind, um den Geschäftsbetrieb einer Bausparkasse mit den Allgemeinen Geschäftsgrundsätzen und den Allgemeinen Bedingungen für Bausparverträge im Einklang zu erhalten.

Das BAKred kann die Erlaubnis zum Geschäftsbetrieb versagen, wenn Geschäftsgrundsätze oder Bausparbedingungen die Erfüllbarkeit der Bausparverträge nicht dauerhaft gewährleistet erscheinen lassen, insbesondere weil die Bausparverträge kein angemessenes individuelles Sparer-Kassen-Leistungsverhältnis aufweisen, oder Spar- und Tilgungsleistungen vorsehen, die die Zuteilung der Bausparsumme unangemessen hinausschieben oder sonstige Belange der Bausparer nicht ausreichend wahren.

In diesem Zusammenhang sei erwähnt, daß vom BAKred bei jeder Bausparkasse ein Vertrauensmann bestellt wird, der darauf zu achten hat, daß die Bestimmungen der Bausparbedingungen über das Zuteilungsverfahren eingehalten werden. Besondere Prüfungs- und Berichtspflichten sind auch dem Wirtschaftsprüfer auferlegt. All dies dient der Gewährleistung eines ordnungsgemäßen Geschäftsablaufs und damit auch der Sicherheit der Bauspareinlagen.

II. Vertragsänderungen

1. Allgemeines

Vom Abschluß eines Bausparvertrages bis zu seiner Zuteilung, genauer gesagt bis zum Einsatz der Bausparsumme für eine wohnungswirtschaftliche Maßnahme, vergehen oft viele Jahre. In dieser Zeit können die Pläne des Bausparers, seine finanziellen oder familiären Verhältnisse sich verändern, die Bau- und Bodenpreise sich erhöhen und sonstige Umstände eintreten, die eine Änderung des ursprünglichen Bausparvertrages erforderlich oder wünschenswert machen. Solche Umgestaltungen des Bausparvertrages sind in vielfältiger Weise möglich und in den Bausparbedingungen bereits geregelt. Bausparverträge können geteilt und zusammengelegt, die Bausparsummen ermäßigt und erhöht werden. Die dabei zu beachtenden Besonderheiten werden anschließend geschildert.

Im weiteren Sinne gehören zum außerplanmäßigen Ablauf eines Bausparvertrages dessen Übertragung auf eine andere Person (Verkauf) und die Kündigung vor Zuteilung. Die Vor- und Zwischenfinanzierung wird im Teil G beschrieben.

Bei den Darlegungen über die Vertragsänderungen ist es notwendig, auf Eigentümlichkeiten des Bausparwesens vorzugrei-

41

fen, die erst später behandelt werden. Dazu gehört die Bewertungszahl (vgl. D II) und das Wohnungsbau-Prämienrecht (vgl. C I). Was die Bewertungszahl angeht, so genügt es vorerst zu wissen, daß sie letztlich den Ausschlag über Zuteilung oder Nichtzuteilung eines Bausparvertrages gibt. Die beispielsweise bei Zusammenlegung oder Erhöhung erforderlichen Umrechnungen der Bewertungszahlen verstehen sich dann von selbst, ohne daß hier schon bekannt sein muß, wie sie im Einzelfall ermittelt worden sind. Die Bestimmungen des Wohnungsbau-Prämienrechts – analog die des Sonderausgabenrechts (vgl. Abschnitt C II) – spielen insofern eine Rolle, als man sie bei der zweckmäßigen Gestaltung des Vertragsverhältnisses niemals aus dem Auge verlieren darf. Das gilt vor allem für Zusammenlegungen und Erhöhungen.

Schließlich ist darauf hinzuweisen, daß die Vertragsänderungen der Zustimmung der Bausparkasse bedürfen, vom Bausparer also nicht einseitig durchgesetzt werden können. Für eine solche Regelung sprechen sowohl verwaltungsmäßige als auch bauspartechnische Gründe. Beispielsweise wird sich die Bausparkasse dagegen wehren, einen größeren Bausparvertrag in willkürlich viele Kleinverträge aufzuspalten. Vor allem aber muß sie aus noch darzulegenden bauspartechnischen Gründen die Entwicklung bei Erhöhungen, Zusammenlegungen und Übertragungen jederzeit im Griff behalten.

2. Teilung

Auf Antrag des Bausparers kann der Bausparvertrag in zwei oder mehrere Verträge geteilt werden. Bei der Teilung wird das Bausparguthaben grundsätzlich im Verhältnis der Bausparsumme der neu entstehenden Verträge aufgeteilt. Jeder der entstehenden Einzelverträge erhält dann die Bewertungszahl des Ursprungsvertrages.

Lautet der Bausparvertrag z. B. über 80 000 DM und weist er inzwischen ein Guthaben von 12 000 DM sowie eine Bewertungszahl von 90 auf, entstehen im Falle einer Teilung im Verhältnis 3 : 1 zwei Einzelverträge über 60 000 DM Bausparsumme mit einem Sparguthaben von 9000 DM und über 20 000

DM mit einem Guthaben von 3000 DM, beide mit der Bewertungszahl von 90. Die Teilverträge können danach ein durchaus unterschiedliches Schicksal haben, indem etwa der eine von ihnen rascher bespart, früher zum Wohnungsbau eingesetzt, gekündigt oder übertragen wird. Die meisten Bausparkassen erheben für den Teilungsvorgang eine Bearbeitungsgebühr und in der Folgezeit Kontogebühren für jeden aus der Teilung hervorgehenden Einzelvertrag.

Einige Bauspartarife lassen eine sogenannte unproportionale Teilung des Bausparguthabens zu. Dabei kann das Guthaben des zu teilenden Bausparvertrages auf Wunsch des Bausparers in einem beliebigen Verhältnis auf die neu entstehenden Teilverträge verteilt werden. Im Extrem ist es möglich, das ganze Guthaben auf einem Teilvertrag zu vereinigen und den anderen leer ausgehen zu lassen. Dieses zuletzt genannte Vorgehen liegt auch der Bildung von Teil-Bausparsummen zugrunde, die – bei den Landesbausparkassen in der Gestalt der Teil-Bausparverträge – von einigen Instituten praktiziert wird. Als Besonderheit des Teil-Bausparsummensystems ist hervorzuheben, daß sich dabei der bisher erworbene Sparverdienst – mit im einzelnen unterschiedlich geregelten Verfahren – auf dem Teilvertrag mit dem Bausparguthaben konzentriert, so daß der Bausparer dessen beschleunigte Zuteilung erreichen kann.

Zahlenbeispiele sollen die Wirkungsweise der Teilungsvorgänge erläutern. Dazu wird der Wüstenrot-Optionstarif herangezogen, nach dessen ABB
– die Bewertungszahl im Regelfall das 40fache der Saldensumme der Bausparguthaben an den durchlaufenen Quartalsenden, geteilt durch die Bausparsumme, beträgt und
– bei einer Teilung die Habensaldensumme im Verhältnis der Bausparguthaben aufgeteilt wird.

Auf Seite 44 wird unter I die eigentliche Teilbausparsumme gebildet. Unter II und III finden sich unproportionale Teilungen des Bausparguthabens, die ebenfalls zu einer »Aufwertung« der Bewertungszahl führen, wenn ein Teilvertrag ein höheres Prozentguthaben erhält, als es der Ursprungsvertrag aufwies. Der gar nicht oder unterproportional mit Guthaben bedachte Restvertrag oder Teilvertrag erhält die Bewertungszahl 0 oder eine entsprechend ermäßigte Bewertungszahl.

Vertrag	Bausparsumme (BS)	Bausparguthaben	Habensaldensumme (HSS)		Bewertungszahl $BZ = 40 \times HSS : BS$	
Ursprungsvertrag	100 000 DM	20 000 DM	200 000 DM		$40 \times 200\,000 : 100\,000 =$	80
I. Bildung der Teilbausparsumme						
TeilBSvertrag	40 000 DM	20 000 DM	$200\,000 \times \dfrac{20\,000}{20\,000} =$	200 000 DM	$40 \times 200\,000 \; : \; 40\,000 =$	200
Restvertrag	60 000 DM	0 DM	$200\,000 \times \dfrac{0}{20\,000} =$	0 DM	$40 \times \quad 0 \; : \; 60\,000 =$	0
II. Unproportionale Teilung						
1. Teilvertrag	20 000 DM	8 000 DM	$200\,000 \times \dfrac{8\,000}{20\,000} =$	80 000 DM	$40 \times 80\,000 \; : \; 20\,000 =$	160
2. Teilvertrag	80 000 DM	12 000 DM	$200\,000 \times \dfrac{12\,000}{20\,000} =$	120 000 DM	$40 \times 120\,000 \; : \; 80\,000 =$	60
III. Andere unproportionale Teilung						
1. Teilvertrag	10 000 DM	6 000 DM	$200\,000 \times \dfrac{6\,000}{20\,000} =$	60 000 DM	$40 \times 60\,000 \; : \; 10\,000 =$	240
2. Teilvertrag	90 000 DM	14 000 DM	$200\,000 \times \dfrac{14\,000}{20\,000} =$	140 000 DM	$40 \times 140\,000 \; : \; 90\,000 =$	62

3. Ermäßigung

Der Bausparer kann beantragen, daß die Bausparsumme ermäßigt wird. Dies kann sich als zweckmäßig erweisen, wenn die volle Bausparsumme nicht benötigt wird und die Zuteilung beschleunigt werden soll. Zwar bleibt – bei den meisten Tarifen der privaten Bausparkassen – die Bewertungzahl zunächst unverändert, sie steigt jedoch, da sich das auf die herabgesetzte Bausparsumme bezogene Prozentguthaben erhöht, künftig schneller an (bei den öffentlich-rechtlichen Bausparkassen wird sie neu berechnet).

Der Darlehensanspruch vermindert sich entsprechend dem Betrag, um den die Bausparsumme ermäßigt wird. Außerdem erweist sich nun, daß der Bausparer im Grunde eine zu hohe Abschlußgebühr gezahlt hat, da der auf den Ermäßigungsteil entfallende Teil der Abschlußgebühr meist nicht zurückgezahlt oder – beispielsweise durch Anrechnung auf einen Folgevertrag – vergütet wird.

Neuerdings werten einige Bausparkassen den Sparverdienst bei einer Ermäßigung der Bausparsumme so auf, als ob die herabgesetzte Bausparsumme schon ab Vertragsabschluß gegolten hätte. Dadurch erlangt der Bausparer die Aussicht auf eine raschere Zuteilung des Vertrages mit der ermäßigten Bausparsumme.

Wie die Neuberechnung der Bewertungzahl im Falle der Ermäßigung bei den öffentlich-rechtlichen Bausparkassen praktiziert wird, ist den ABB der LBS Württemberg zu entnehmen. Dort heißt es im § 7 Abs. 3: »(3) Bei der Ermäßigung wird die Bewertungzahl (§ 11 Abs. 2) zum nächsten Bewertungsstichtag (§ 11 Abs. 4) neu berechnet. Für die Berechnung wird dabei das Bausparguthaben im Verhältnis der verbleibenden zur wegfallenden Bausparsumme aufgeteilt und das Bausparguthaben der wegfallenden Bausparsumme wie eine im Zeitpunkt der Ermäßigung geleistete Einzahlung gewertet. ...«.

Dazu ein Beispiel für den Tarif Classic, bei dem sich die Bewertungzahl als der Guthabenstand zuzüglich des 13fachen der erdienten Zinsen, geteilt durch den Regelsparbeitrag (4‰ der Bausparsumme) ergibt.

Bausparsumme:	100 000 DM
Bausparguthaben:	20 000 DM
Darin enthaltene Zinsen:	2000 DM

$$\text{Bewertungszahl:} \quad \frac{20\,000 + 13 \cdot 2\,000}{0,004 \cdot 100\,000} = \frac{46\,000}{400} = 115$$

Ermäßigung der Bausparsumme auf	50 000 DM
Anteiliges Guthaben:	10 000 DM
Darin enthaltene Zinsen:	1 000 DM
Sonderzahlung:	10 000 DM

$$\text{Bewertungszahl:} \quad \frac{10\,000 + 13 \cdot 1\,000 + 10\,000}{0,004 \cdot 50\,000} = \frac{33\,000}{200} = 165$$

Es bleibt also bei der vollen Bewertung des Bausparguthabens. Die Guthabenzinsen werden hingegen (13fach) nur anteilig zur bestehenbleibenden Bausparsumme angerechnet. Das wirkt sich je nach dem Gewicht der Guthabenzinsen und auch nach dem Bewertungsfaktor hierfür (im Beispiel 13) aus. Die volle Aufwertung ab Beginn, wie sie zuvor für einige private Bausparkassen geschildert worden ist, hätte zur Bewertungszahl nach Ermäßigung von

$$\frac{20\,000 + 13 \cdot 2\,000}{200} = 230$$

geführt.

Nach den ABB der LBS Münster/Düsseldorf kann die Bausparkasse die Bewertungszahl im Falle der Ermäßigung um 10% kürzen. Bei der Deutschen Bank Bauspar AG beträgt die Kürzung der Bewertungszahl — auch im Falle der Erhöhung und der Zusammenlegung — ebenfalls 1/10.

4. Zusammenlegung

Bausparverträge können auf Antrag des Bausparers grundsätzlich zusammengelegt werden. Voraussetzung ist, daß es sich um

Verträge des gleichen Tarifs und um nicht zugeteilte Verträge handelt. Sollte beispielsweise bei einem der Bausparverträge die Auszahlung aus der Bausparsumme schon begonnen haben, so ist die Zusammenlegung mit einem nicht zugeteilten Vertrag nicht möglich. Handelt es sich um einen fortgesetzten Vertrag (vgl. D IV), so muß der Bausparer auf die Rechte aus der früheren Zuteilung, die er nicht angenommen hatte, verzichten. Darüber hinaus gibt es noch die Zusammenlegung von zugeteilten Bausparverträgen, deren Bausparsummen voll ausgezahlt und für die nunmehr jeweils ein Tilgungsbeitrag zu zahlen ist. Hierbei werden die Bauspardarlehen einerseits und die Tilgungsbeiträge andererseits addiert. Die weiteren Ausführungen beziehen sich ausschließlich auf die Zusammenlegung nicht zugeteilter Bausparverträge.

Es werden sowohl die Bausparsummen als auch die Bausparguthaben der Einzelverträge zusammengezählt. Bewertungszahl und Vertragsbeginn werden neu berechnet, und zwar jeweils als mit den Bausparsummen der ursprünglichen Verträge gewogenes Mittel. Hierzu ein Beispiel, in dem zwei Bausparverträge A und B zu einem Vertrag C zusammengelegt werden:

Vertrag	Bauspar- summe DM	Bauspar- guthaben DM	Vertrags- laufzeit Monate	Bewertungs- zahl
A	30 000	15 000	70	2 500
B	10 000	1 000	10	160
C	40 000	16 000	55	1 915

Darin ist die neue Bewertungszahl 1915 des zusammengelegten Vertrages C nach folgender Formel gerechnet:

$$\frac{30 \cdot 2\,500 + 10 \cdot 160}{40} = \frac{75\,000 + 1\,600}{40} = \frac{76\,600}{40} = 1915$$

und die zurückgelegte Vertragszeit nach der Formel

$$\frac{30 \cdot 70 + 10 \cdot 10}{40} = \frac{2\,100 + 100}{40} = 55$$

Ist beispielsweise der 1.2. 1989 der Vertragsbeginn des älteren Vertrages A, so würde der Vertragsbeginn des aus der Zusammenlegung hervorgehenden Vertrages C um 15 Monate auf den 1.5. 1990 verlegt. Einige private Bausparkassen – so die GdF Wüstenrot – verzichten auf die Umrechnung des Vertragsbeginns und bestimmen statt dessen den Vertragsbeginn des ältesten der zusammengelegten Bausparverträge als neuen Vertragsbeginn.

Schließlich ist noch zu beachten, daß bei den meisten privaten Bausparkassen eine Zuteilung des neu gebildeten Vertrages erst möglich ist, wenn seit dem Vertragsbeginn eines jeden der zusammengelegten Einzelverträge mindestens 12 Monate verflossen sind. Einzelheiten sind der Spalte 9 von Tabelle 2 zu entnehmen.

Was hat es mit diesen auf den ersten Blick etwas umständlich erscheinenden Regeln auf sich? Führt der Bausparer – aus welchem Grund auch immer – mehrere Verträge, die in etwa gleich gut entwickelt, also etwa zur selben Zeit abgeschlossen und – relativ zur Bausparsumme – gleich hoch bespart worden sind, so dürften auch ihre Bewertungszahlen in etwa gleich hoch und damit ihre Zuteilungsaussichten annähernd gleich gut sein. In einem solchen Falle hat eine Zusammenlegung wenig Sinn. Anders sieht es aus, wenn, was in der Praxis die Regel ist, die Verträge einen unterschiedlichen Entwicklungsstand aufweisen. Oft liegen ein älterer, relativ hoch besparter Vertrag vor und ein oder mehrere erst in jüngster Zeit abgeschlossene Bausparverträge, deren Bausparguthaben und Bewertungszahlen zwangsläufig noch niedrig sind.

Bei einer derartigen Sachlage, die sich auch aus der Notwendigkeit herleiten kann, den inzwischen angestiegenen Bau- und Bodenpreisen durch höhere Bausparsummen Rechnung zu tragen, ist die Zusammenlegung für den Bausparer von großem Vorteil. Dadurch kann er nämlich den Sparverdienst des älteren Vertrages in den entstehenden Gesamtvertrag einbringen und damit auf die Bausparsumme der neueren Verträge erstrecken. Das vorstehende Zahlenbeispiel zeigt dies sehr deutlich auf. Der Vertrag A ist in der Vertragslaufzeit von 70 Monaten schon mit einem Bausparguthaben von 50% der Bausparsumme angespart und hat eine ziemlich hohe Bewertungszahl

erreicht. Hingegen weist der Vertrag B erst ein niedriges Guthaben, eine kurze Vertragslaufzeit und eine vermutlich unzurei-
chende Bewertungszahl auf. Dem zusammengelegten Vertrag C
kommt dies dadurch zugute, daß der Anspargrad auf 40%, die
verflossene Vertragszeit auf 55 Monate und die Bewertungszahl
auf die immer noch ansehnliche Größe von 1915 zurückgeht.
Wären beide Verträge einzeln weitergelaufen, hätte der Bausparer aus dem Vertrag A, der möglicherweise kurz vor der Zuteilung stand oder bereits zugeteilt und danach fortgesetzt war,
ein Bauspardarlehen von 30 000 DM − 15 000 DM = 15 000
DM beanspruchen können. Demgegenüber hätte er auf den
Vertrag B weitere Sparleistungen erbringen und ihn überdies
zwischenfinanzieren müssen, wenn er die Bausparmittel in aller
Kürze beanspruchen wollte. Fordert der Bauspartarif kein höheres Mindestsparguthaben als 40% der Bausparsumme, so
reicht hingegen das Bausparguthaben von 16 000 DM für den
zusammengelegten Vertrag aus, je nach Höhe der Zielbewertungszahlen bei der Bausparkasse möglicherweise auch die Bewertungszahl von 1915.

Eine Restlaufzeit bis zur Zuteilung des zusammengelegten
Vertrages von 12 Monaten ergäbe sich allenfalls aus der Karenzzeit von 12 Monaten, die schon erwähnt wurde. Hierbei
handelt es sich um eine reine Schutzvorschrift für das Kollektiv. Die zusammengelegten Bausparverträge sollen, wenn jün-
gere, erst vor ganz kurzer Zeit abgeschlossene Bausparverträge
beteiligt sind, nicht alsbald schon wieder zugeteilt werden können. Daraus würden zu hohe Ansprüche an die Zuteilungsmasse resultieren. Die Umrechnung der abgelaufenen Vertragslaufzeit kann einen solchen Schutz nicht in zureichender Weise
bieten. Auch das zeigt das vorstehende Beispiel, in dem die ge-
mittelte Vertragslaufzeit von 55 Monaten weit über den Min-
destsparzeiten der Standardtarife von 18 Monaten liegt.

Prämien- und steuerrechtlich sind im Falle einer Zusammenlegung die ursprünglichen Verträge gesondert zu führen, insbesondere hinsichtlich der Bindungsfrist. Die nach der Zusammenlegung geleisteten Bausparbeiträge werden zunächst dem
Vertrag zugerechnet, der das geringere Prozentguthaben aufweist.

5. Erhöhung

Auf Antrag des Bausparers kann die Bausparsumme eines nicht zugeteilten Vertrages erhöht werden. Das Bausparguthaben vermindert sich dadurch um die Abschlußgebühr von 1% oder 1,6% des Erhöhungsteils der Bausparsumme. Die erreichte Bewertungszahl und die abgelaufene Vertragslaufzeit werden im Verhältnis der bisherigen zu der neuen Bausparsumme herabgesetzt. Auch dazu ein Beispiel:

Vertrag	Bauspar-summe DM	Bauspar-guthaben DM	Vertrags-laufzeit Monate	Bewertungs-zahl
vor	20 000	17 800	60	2 000
nach Erhöhung	50 000	17 500	24	800

Die alte Bewertungszahl von 2000 und die Vertragslaufzeit von 60 Monaten gehen im Verhältnis 20 : 50, d. h. auf 2/5 zurück. Hingegen bleibt das Bausparguthaben bis auf die Kürzung um 300 DM als (1%ige) Abschlußgebühr für die Erhöhung der Bausparsumme um 30 000 DM erhalten. Am tariflichen Mindestsparguthaben von 40% der Bausparsumme fehlt nur noch ein Rest von 2500 DM (= 20 000 DM − 17 500 DM).

Den großen Vorteil der Erhöhung für den Bausparer ersieht man in dem Beispiel daran, wie der Darlehensanspruch anwächst. Infolge des hohen Bausparguthabens von 17 800 DM ergab sich für die alte Bausparsumme von 20 000 DM nur noch ein minimaler Darlehensanspruch von 2200 DM. Er schnellt durch die Erhöhung auf 30 000 DM herauf. Die Erhöhung der Bausparsumme dehnt demnach fast ausschließlich den Darlehensraum aus, während sie die Ansparseite nur wenig oder überhaupt nicht verstärkt. Auch daran ist zu erkennen, daß die Bausparkasse zur Erzielung einer möglichst gleichbleibenden Zuteilungsfolge das gehäufte Auftreten von Erhöhungen verhindern und durch Karenzzeiten erschweren muß. In der Tat findet sich in den Bausparbedingungen sehr vieler Institute die Bestimmung, daß ein erhöhter Bausparvertrag frühestens 12 Monate nach dem Erhöhungszeitpunkt zugeteilt werden kann.

Erhöhungen und Zusammenlegungen sind bauspartechnisch gleichzuachten. Anders gewendet, es muß auf ein und dasselbe Ergebnis hinauslaufen, wenn ein Bausparvertrag statt erhöht mit einem neuen Vertrag zusammengelegt wird, dessen Bausparsumme dem Erhöhungsteil entspricht. Dazu sei auf das zuletzt gebrachte Beispiel zurückgegriffen und statt der Erhöhung des Vertrages A über 20 000 DM dessen Zusammenlegung mit einem Neuvertrag über 30 000 DM betrachtet. Nach der Rechenregel im vorhergehenden Kapitel ergeben sich alsdann folgende Daten:

Vertrag	Bauspar-summe DM	Bauspar-guthaben DM	Vertrags-laufzeit Monate	Bewertungs-zahl
A	20 000	17 800	60	2 000
B	30 000	./. 300	0	0
C	50 000	17 500	24	800

Die neue Vertragslaufzeit und Bewertungszahl sind dabei nach der für Zusammenlegungen geltenden Formel ermittelt worden, und zwar die Vertragslaufzeit zu

$$\frac{20 \cdot 60 + 30 \cdot 0}{50} = \frac{1\,200}{50} = 24$$

und die Bewertungszahl zu

$$\frac{20 \cdot 2\,000 + 30 \cdot 0}{50} = \frac{40\,000}{50} = 800$$

Die prämien- und steuerrechtlichen Auswirkungen einer Erhöhung unterscheiden sich von den bauspartechnischen. Im Falle des Antrags auf Wohnungsbauprämie oder des Sonderausgabenabzugs nach § 10 des Einkommensteuergesetzes ist der Erhöhungsteil des Bausparvertrages als selbständiger Vertrag (Zusatzvertrag) anzusehen. Im Blick auf die Bindungsfrist sind also nach der Vertragserhöhung prämien- und steuerrechtlich zwei Verträge, der Ursprungs- und der Zusatzvertrag, auseinanderzuhalten. Daraus ist die Empfehlung abzuleiten, eine Erhöhung der Bausparsumme nur dann zu beantragen, wenn die wohnungswirtschaftliche Verwendung der Bausparsumme absolut feststeht und somit die Bindungsfrist keine Rolle spielt.

6. Übertragung

Ein Bausparvertrag kann auf einen anderen Bausparer übertragen werden. Im Sparstadium spricht man von dem Verkauf bzw. Kauf eines Vertrages. Übertragungen kommen aber auch bei zugeteilten Verträgen vor, und zwar meist dann, wenn das Objekt (Wohnhaus oder Eigentumswohnung), zu dessen Finanzierung der Bausparvertrag eingesetzt worden ist, auf einen anderen Eigentümer übergeht und damit bezüglich des Bauspardarlehens ein Schuldnerwechsel stattfindet, der ohnehin nicht ohne die Einwilligung des Gläubigers möglich ist.

Aber auch die Übertragung eines noch nicht zugeteilten Bausparvertrages bedarf der Zustimmung der Bausparkasse. Obwohl es sich hierbei um einen Gläubigerwechsel handelt, genügt beispielsweise nicht die einfache Mitteilung über den Vertragsverkauf an die Bausparkasse. Dies ist in den Bausparbedingungen ausdrücklich festgelegt. Ferner heißt es dort, daß die Zustimmung unter Bedingungen erteilt werden kann. Dazu gehört zunächst, daß eine Übertragungsgebühr fällig wird. Wesentlicher aber ist, daß die Bausparkassen eine Karenzzeit für die Zuteilung des Bausparvertrages verlangen, in die der Übernehmer einwilligen muß. Beispielsweise kann er aufgrund einer solchen Karenzzeit die Rechte aus einer eventuell vorher möglichen Zuteilung nicht vor Ablauf von 18 oder mehr Monaten seit der Bestätigung des Vertragsübergangs in Anspruch nehmen.

Die Karenzzeit hat bauspartechnische Gründe. Die Bausparkasse muß Vorsorge treffen, daß sich Ansprüche an das Kollektiv nicht durch massierten Vertragshandel häufen. Gerade kapitalkräftige Bausparinteressenten könnten versuchen, gut entwickelte Bausparverträge aufzukaufen, sie möglicherweise noch zu erhöhen und auf diese Weise den erforderlichen Sparprozeß abzukürzen oder gar zu unterlaufen. Das bliebe auf die

Dauer nicht ohne Folgen für die Wartezeitverhältnisse. Es liegt deshalb im wohlverstandenen Interesse der gesamten Bausparerschaft, wenn die Vertragsübertragungen nicht überhandnehmen und von einigen Bausparkassen überhaupt nicht zugelassen werden.

Bremsend auf die Vertragsübertragungen wirken im übrigen die prämien- und steuerrechtlichen Bestimmungen. Denn der Verkauf eines Bausparvertrages innerhalb der Bindungsfrist ist prämien- und steuerschädlich. Eine Ausnahme gilt nur insoweit, als der Übernehmer sich verpflichtet, den Bausparvertrag für den Vorbesitzer oder dessen Angehörige im Sinne des § 15 der Abgabenordnung zu verwenden. Bei Übertragungen unter solchen Angehörigen verzichten die Bausparkassen im übrigen auf die vorhin erwähnte Karenzzeit. Als Angehörige sind anzusehen: der Verlobte, der Ehegatte, Verwandte oder Verschwägerte gerader Linie, Geschwister, Kinder der Geschwister, Ehegatten der Geschwister und Geschwister der Ehegatten, Geschwister der Eltern sowie Pflegeeltern und Pflegekinder. Ist der Übernehmer selbst ein solcher Angehöriger, so kann er den Vertrag auch für den eigenen Wohnungsbau einsetzen. Die Bausparkasse ist verpflichtet, die Übertragung an das zuständige Finanzamt zu melden und den späteren Einsatz des Bausparvertrages im geschilderten Sinne zu überprüfen. Infolgedessen kommen Vertragsübertragungen während der ersten 7 bzw. 10 Jahre der Laufzeit eines Bausparvertrages praktisch ohnehin nur unter näheren Verwandten vor.

Eine Übertragung liegt auch vor, wenn eine Bank oder Sparkasse einen Vorratsvertrag ganz oder teilweise auf einen Kunden überträgt. Erwähnt sei lediglich, daß hier die Karenzzeit für die Inanspruchnahme der Zuteilung entfällt, da der Verkauf des Vorratsvertrages von vornherein beabsichtigt war und sonst der erstrebte Zweck, den Darlehensanspruch aus einem zugeteilten Bausparvertrag zu verschaffen, vereitelt würde.

7. Kündigung

Der Bausparer verpflichtet sich mit dem Abschluß des Bausparvertrages zur planmäßigen Leistung von Regelsparbeiträgen.

Ohne die Absolvierung eines solchen Sparprozesses ist das kollektive Bausparen nicht möglich. Insbesondere gehört das Erreichen des tariflich festgelegten Mindestsparguthabens zu den Voraussetzungen für die Zuteilung des Bausparvertrages.

Gleichwohl handelt es sich nicht um eine absolute Sparverpflichtung, der man nicht entweichen kann. So wie es schon für den Fall eines Zahlungsrückstandes vergleichbar milde Bestimmungen gibt (siehe B I 1 d), erlauben es die Bausparbedingungen auch, den Vertrag nach der Zahlung der Abschlußgebühr jederzeit zu kündigen. Der Bausparer gibt selbstverständlich mit der Kündigung sein Sparziel auf: er verlangt die Rückzahlung des angesammelten Bausparguthabens einschließlich der Zinsen. Welche Besonderheiten sind beim Bausparen unter dem Gesichtspunkt der raschen Liquidisierbarkeit des Bauspargeldes zu beachten?

Die deutschen Bausparkassen zahlen seit langem – soweit zu sehen in der Zeit nach dem Zweiten Weltkrieg fast ausnahmslos – die Bausparguthaben gekündigter Verträge Zug um Zug nach Eingang der Kündigungsmitteilung aus. Verzögerungen können sich allenfalls dadurch ergeben, daß der Bausparer noch auf die Folgen einer Kündigung vor Ablauf der prämien- und steuerrechtlichen Bindungsfrist aufmerksam zu machen ist; hierauf wird noch eingegangen. Mit der sofortigen Rückzahlung gehen die Bausparkassen bereits zugunsten des Bausparers über den Wortlaut der Bausparbedingungen hinaus, nach dem er erst von derjenigen Zuteilung an, die dem Ablauf von 6 (bei manchen Instituten auch bis zu 12) Monaten nach Eingang einer Kündigung folgt, die Rückzahlung seines Bausparguthabens verlangen kann. Wenn natürlich auch nicht mit letzter Sicherheit vorauszusehen ist, daß diese Praxis künftig immer aufrechterhalten werden kann, so sind zur Zeit kaum Gründe zu erkennen, weshalb die Bausparkassen von der genannten Aufschubfrist Gebrauch machen sollten. Der Abfluß aus der Zuteilungsmasse durch die Rückzahlung der Einlagen gekündigter Bausparverträge hält sich nämlich bei allen Instituten in einem erträglichen Rahmen.

Immerhin ist denkbar, daß es aus irgendwelchen Gründen zu einem Run auf die Bausparguthaben kommt. Für diesen Fall muß das Bausparkollektiv geschützt werden. Zum einen ist die jederzeitige Rückzahlung sämtlicher Bauspareinlagen ohnehin nicht möglich, weil mit ihnen die Bauspardarlehen der schon zugeteilten Bausparer refinanziert werden. Die Bausparkasse ist zur vorzeitigen Darlehenskündigung nicht berechtigt und kann sich durch den Verkauf oder die Beleihung der niedrigverzinslichen Darlehensforderung auch nicht genügend viele Mittel verschaffen. Zum anderen sollen die Entnahmen von Kündigungsrückzahlungen aus der Zuteilungsmasse die normalen Zuteilungen nicht zu stark beeinträchtigen. Deshalb sehen die Bausparbedingungen ein Limit vor. Reicht nämlich für die Rückzahlung der Bausparguthaben gekündigter Verträge ein Viertel der für die Zuteilung verfügbaren Mittel nicht aus, so ist die Rückzahlung in der Reihenfolge des Eingangs der Kündigungen zulässig. Ist danach die Rückzahlung in einem Betrag 6 Monate nach dem eigentlich vorgesehenen Zeitpunkt nicht möglich, so kann die Bausparkasse die betreffenden Bausparguthaben sogar anteilmäßig in Teilbeträgen zurückzahlen.

Wie gesagt, diese Schutzvorschriften stehen zunächst weitgehend auf dem Papier. Die Bausparkasse hat selbst ein Interesse daran, die Kündigungsrückzahlungen zügig abzuwickeln. Sie wird deshalb auch dann, wenn vermehrt Kündigungen auf sie zukommen, das Möglichste tun, um den daraus erwachsenden Finanzanforderungen gerecht zu werden.

Der Bausparer andererseits sollte sich im klaren darüber sein, daß er seine Bausparbeiträge der Bausparergemeinschaft wenigstens mittelfristig zur Verfügung stellt. Die vorzeitige Verflüssigung eines solchen Anlagekapitals ist auch anderweitig mit Zeitaufschub oder Verlust verbunden; erinnert sei nur an Sparpläne über Wertpapiere oder Investmentanteile, an Lebensversicherungsverträge, aber auch an Sparkonten mit längerer Kündigungsfrist.

Wesentlich gravierender als die nach den Bausparbedingungen möglichen Folgen einer Kündigung sind die Sanktionen des Prämien- und Steuerrechts. Die Rückzahlung des Bausparguthabens vor Zuteilung innerhalb der 7- oder 10jährigen Bindungsfrist ist nämlich fast immer prämien- und steuerschädlich. Das gilt auch dann, wenn die daraus empfangenen Mittel zum Wohnungsbau eingesetzt werden. Eine Ausnahme gibt es nur für den Fall, daß der Bausparer oder sein Ehegatte stirbt oder völlig erwerbsunfähig wird, ferner bei mehr als einjähriger ununterbrochener Arbeitslosigkeit.

Der Vollständigkeit halber sei erwähnt, daß der Laie häufig auch dann von einer Kündigung des Bausparvertrages spricht, wenn dieser zuvor zugeteilt worden ist und aus ihm nur das Bausparguthaben, nicht aber das Bauspardarlehen abgerufen wird. In dem zuletzt genannten Falle liegt jedoch eine Zuteilungsannahme unter Darlehensverzicht vor. Den Unterschied zur Rückzahlung des Bausparguthabens bei Kündigung vor Zuteilung erkennt man daran, daß die Auszahlung des Bausparguthabens aus einem zugeteilten Vertrag im Wege der Zuteilungsannahme oder Wiedergeltendmachung (vgl. D IV) völlig vertragsgemäß und während der Bindungsfrist im Falle der Verwendung zum Wohnungsbau prämien- und steuerrechtlich unschädlich ist.

C. Die gesetzlichen Bausparbegünstigungen

I. Wohnungsbauprämie

1. Die wesentlichen Gesetzesbestimmungen

Nachstehend sind die für den Bausparer wichtigsten Vorschriften des Wohnungsbau-Prämiengesetzes (WoPG) wiedergegeben. Einzelfragen und Sonderfälle können aus Platzgründen nicht behandelt werden. Wegen des Wahlrechts zwischen der Wohnungsbauprämie und dem Sonderausgabenabzug der Bausparbeiträge (vgl. dazu Abschnitt C II) gelten die meisten Bestimmungen auch für den Fall der Steuerermäßigung nach § 10 des Einkommensteuergesetzes (EStG).

a) Einkommensgrenzen

Wohnungsbauprämien nach dem WoPG werden überhaupt nur gewährt, wenn die maßgebende Einkommensgrenze nicht überschritten ist. Abzustellen ist jeweils auf das zu versteuernde Einkommen nach § 2 Abs. 5 EStG im Kalenderjahr der Sparleistung. Die Einkommensgrenze beträgt für Alleinstehende 27 000 DM, für zusammenveranlagte Ehegatten 54 000 DM. Zu den Alleinstehenden rechnen die Ledigen, Verwitweten, Geschiedenen, die dauernd getrennt lebenden oder getrennt veranlagten Ehegatten.

Auf das Abschlußdatum des Bausparvertrages kommt es nicht an. Es kann somit der Fall eintreten, daß ein Bausparer in den ersten Jahren der Laufzeit eines Bausparvertrages noch Anspruch auf Wohnungsbauprämien hat und diesen von einem bestimmten Kalenderjahr an verliert, weil das zu versteuernde Einkommen durch Gehaltssteigerungen inzwischen die Einkommensgrenze überschreitet.

Was die Berechnung des zu versteuernden Einkommens angeht, so sei nur kurz darauf hingewiesen, daß es nach § 2 Abs. 1 EStG sieben Einkunftsarten gibt. Das sind
1. Einkünfte aus Land- und Forstwirtschaft,
2. Einkünfte aus Gewerbebetrieb,

3. Einkünfte aus selbständiger Arbeit,
4. Einkünfte aus nichtselbständiger Arbeit,
5. Einkünfte aus Kapitalvermögen,
6. Einkünfte aus Vermietung und Verpachtung,
7. sonstige Einkünfte im Sinne des § 22.

Nach dem EStG ist das Einkommen als Gesamtbetrag der Einkünfte, der ggfs. bereits um den Altersentlastungsbetrag nach § 24a EStG gemindert ist, definiert, vermindert um die Sonderausgaben und die außergewöhnlichen Belastungen. Daraus ergibt sich das zu versteuernde Einkommen durch Abzug des Kinder- und des Haushaltsfreibetrags gemäß § 32 Absätze 6 und 7 EStG. Nach dem zu versteuernden Einkommen wird die tarifliche Einkommensteuer bemessen.

Will man aus den Bruttojahresbezügen eines Arbeitnehmers das zu versteuernde Einkommen herleiten, so sind davon im wesentlichen die folgenden Beträge abzusetzen:

a) der Arbeitnehmer-Pauschbetrag nach § 9a Nr. 1 EStG in Höhe von 2000 DM jährlich,

b) der Sonderausgaben-Pauschbetrag nach § 10c Abs. 1 EStG von 108 DM bzw. – bei zusammenveranlagten Ehegatten – 216 DM, sofern nicht höhere Sonderausgaben im Sinne von § 10 Abs. 1 Nummern 1, 1a und 4 bis 9 sowie – u. a. für gezahlte Kirchensteuern und Spenden – von § 10b EStG nachgewiesen werden,

c) die gesetzliche Vorsorgepauschale (vgl. C II 3), sofern nicht – bis zu den Sonderausgaben-Höchstbeträgen (vgl. C II 2) – höhere Vorsorgeaufwendungen nachgewiesen werden,

d) der Kinderfreibetrag nach § 32 Abs. 6 EStG in Höhe von 4104 DM jährlich für jedes voll zu berücksichtigende Kind (2052 DM pro halbem Kinderfreibetrag),

e) eventuell der Haushaltsfreibetrag nach § 32 Abs. 7 EStG in Höhe von 5616 DM für Alleinstehende mit Kindern,

f) ein Kinderbetreuungs-Pauschbetrag nach § 33c Abs. 4 EStG bei Alleinstehenden in Höhe von 480 DM jährlich pro Kind,

g) ein eventuell auf der Lohnsteuerkarte eingetragener Freibetrag, in den Aufwendungen eingegangen sein können, welche die Pauschbeträge nach den vorstehenden Buchstaben a, b und f (nicht jedoch c) übersteigen, ferner eventuelle negative Einkünfte aus Vermietung und Verpachtung oder der

58

Abzugsbetrag nach § 10 e EStG aus der Steuerbegünstigung der selbstgenutzten Wohnung im eigenen Haus, sowie gegebenenfalls andere außergewöhnliche Belastungen nach den §§ 33 bis 33 c EStG,

h) letztmals im Jahre 1993 ein Tariffreibetrag nach § 32 Abs. 8 EStG in Höhe von 600 DM/1200 DM bei Alleinstehenden/ Verheirateten für Arbeitnehmer, die entweder einen Wohnsitz in den fünf neuen Bundesländern haben oder überwiegend dort tätig sind.

Infolgedessen liegen die steuerpflichtigen Jahresarbeitslöhne der Arbeitnehmer durchweg erheblich höher als die Grenzbeträge der zu versteuernden Einkommen, oberhalb derer die Wohnungsbauprämien entfallen (vgl. dazu die Spalten 3 bis 6 der Tabelle 3). Etwas anderes kann nur gelten, wenn der Arbeitnehmer größere steuerpflichtige Einkünfte aus den übrigen Einkunftsarten (z. B. aus Kapitalvermögen) erzielt. In einem solchen Fall ist ohnehin eine Einkommensteuererklärung abzugeben. In dem Einkommensteuerbescheid wird das zu versteuernde Einkommen ausgewiesen.

b) Höchstsparleistungen, Prämiensätze, Höchstprämien

Unabhängig vom Vertragsbeginn der Bausparverträge beträgt für Sparleistungen vom Kalenderjahr 1975 an die prämienbegünstigte Höchstsparleistung pro Kalenderjahr 800 DM für Alleinstehende und 1600 DM für Verheiratete. Nach dem WoPG gelten als Verheiratete diejenigen Ehegatten, die nach § 26b EStG zur Einkommensteuer zusammen veranlagt werden oder die Voraussetzungen hierfür nach § 26 Abs. 1 Satz 1 EStG erfüllen.

Für Bausparbeiträge seit 1989 beträgt die Wohnungsbauprämie 10%. Voraussetzung ist jedoch, daß die prämienbegünstigten Aufwendungen pro Kalenderjahr wenigstens 100 DM betragen.

In der Tabelle 3 sind die sich aus den Höchstsparleistungen und den Prämienprozentsätzen errechnenden Höchstprämien angegeben. Ergänzend sind dort auch die Einkommensgrenzen mit aufgeführt und die Arbeitnehmer-Sparzulagen für vermögenswirksame Leistungen (siehe C III).

Nicht mehr in die Tabelle 3 aufgenommen ist die 1993 auslaufende Zusatzförderung nach dem WoPG für wohnungswirtschaftliche Verwendung der Bausparmittel (nach Zuteilung, Vor- oder Zwischenfinanzierung bzw. sonstiger Beleihung oder Abtretung) in den neuen Bundesländern. Für so einzusetzende Bausparbeiträge erhöht sich die prämienbegünstigte Höchstsparleistung bei Alleinstehenden um 1200 DM und bei Verheirateten um 2400 DM, ferner der Prämiensatz für den Gesamtplafonds von 2000 DM/4000 DM um fünf Prozentpunkte. Folglich ergeben sich erhöhte Wohnungsbauprämien von bis zu 300 DM/600 DM (statt 80 DM/160 DM). Die Zusatzförderung steht auch Bausparern aus dem bisherigen Bundesgebiet zu, sofern sie den Bausparvertrag im Beitrittsgebiet einsetzen. Diese Bindung gilt zeitlich nicht nur − wie für die 10% Grundförderung auf Bausparbeiträge bis zu 800 DM/1600 DM − während 7 Jahren seit Vertragsabschluß, sondern unbeschränkt.

Für die bis Ende 1991 abgeschlossenen Bausparverträge haben die Bausparkassen − nach dem Prämienantrag des Bausparers und der Gutschrift durch das Finanzamt − die Wohnungsbauprämien alljährlich den Bausparkonten gutgeschrieben. Das hat sich mit Wirkung für Bausparverträge, die seit Jahresbeginn 1992 abgeschlossen worden sind oder werden, geändert. Die Wohnungsbauprämien werden nunmehr erst mit dem Ablauf der 7jährigen Bindungsfrist bzw. Zuteilung des Bausparvertrages oder bei vorzeitiger unschädlicher Verfügung, z. B. durch Zwischenfinanzierung, dem Bausparvertrag gutgebracht.

c) Wahlrecht

Jedem Bausparer steht das Wahlrecht zu, für seine Bausparbeiträge entweder den Sonderausgabenabzug nach § 10 EStG oder die Wohnungsbauprämie nach dem WoPG zu beantragen. Die Entscheidung kann aber jedes Jahr neu getroffen und dabei die jeweils günstigste Möglichkeit ausgewählt werden.

Das Wahlrecht ist innerhalb der sogenannten Höchstbetragsgemeinschaft für alle Bausparbeiträge eines Kalenderjahres einheitlich auszuüben, auch im Falle mehrerer Bausparverträge. Zur Höchstbetragsgemeinschaft gehört der Bausparer, sein von ihm nicht dauernd getrennt lebender Ehegatte sowie die Kinder unter 18 Jahren. Als Kinder unter 18 Jahren gelten nach dem Gesetzeswortlaut Kinder, »die zu Beginn des Kalenderjahres, in dem die prämienbegünstigten Aufwendungen geleistet worden sind, das 17. Lebensjahr noch nicht vollendet hatten oder die in diesem Kalenderjahr lebend geboren wurden«, mithin beispielsweise für das Jahr der Sparleistung 1993 die nach dem 1. 1. 1976 geborenen Kinder.

Der Sparer muß sich für eine der zwei Begünstigungsarten entscheiden. Eine Änderung der einmal getroffenen Wahl ist im allgemeinen nicht zulässig. Das Wahlrecht wird ausgeübt zugunsten

1. des Sonderausgabenabzugs, wenn der Steuerpflichtige einen ausdrücklichen Antrag auf Berücksichtigung der Bausparbeiträge als Sonderausgaben stellt; das ist seit 1975 nur noch beim Lohnsteuer-Jahresausgleich durch das Finanzamt oder bei der Einkommensteuer-Veranlagung (nicht mehr bei einem Antrag auf Eintragung eines steuerfreien Betrages auf der Lohnsteuerkarte oder auf Herabsetzung der Vorauszahlungen zur Einkommensteuer) möglich;

2. der Wohnungsbauprämie dadurch, daß der Sparer einen Antrag auf Gewährung der Prämie stellt.

Da der zeitlich zuerst gestellte Antrag, nicht aber die Höhe der erzielbaren Begünstigungen entscheidend ist, empfiehlt sich im gegebenen Fall eine sorgfältige Analyse.

d) Begünstigte Aufwendungen

Was zählt alles zu den Bausparbeiträgen, die der Bausparer als Aufwendungen für die Wohnungsbauprämie geltend machen kann? Vorauszuschicken ist, daß es sich um Aufwendungen vor Beginn der Auszahlung aus der zugeteilten Bausparsumme handeln muß. Die Vor- oder Zwischenfinanzierung eines Bausparvertrages hindert demnach einen Bausparer nicht daran, prämienbegünstigte Bausparbeiträge zu leisten, auch nicht das Zuteilungsangebot der Bausparkasse oder die Zuteilungsannahme, sofern aus dem Bausparguthaben noch nichts ausgezahlt worden ist.

61

Prämienrechtlich (und auch steuerrechtlich) sind begünstigt:
1. die gezahlten Regelsparbeiträge,
2. eventuelle Sondersparzahlungen,
3. die entrichtete Abschlußgebühr oder sonstige in der Ansparzeit auf dem Bausparvertrag zusätzlich eingezahlte Gebühren oder Einlagen,
4. die dem Bausparkonto gutgeschriebenen Guthabenzinsen,
5. die vermögenswirksamen Leistungen, die einem Bausparvertrag als Sparbeiträge zufließen, sofern sie nicht sparzulageberechtigt sind (Einzelheiten dazu siehe unter C III).

Nicht zu den begünstigten Aufwendungen zählen:
a) die Wohnungsbauprämie, die der Bausparer auf seinen Antrag vom Finanzamt erhält und die seinem Bausparkonto gutgeschrieben wird,
b) der eventuell an einen Vorbesitzer entrichtete Kaufpreis für die Übernahme eines Bausparvertrages,
c) vermögenswirksame Leistungen, für die der Arbeitnehmer eine Sparzulage erhält (siehe C III).

e) Bindungsfrist, vertragsmäßige Verwendung

Innerhalb der ersten 7 Jahre nach Vertragsbeginn eines nach dem 30. 10. 1984 abgeschlossenen Bausparvertrages unterliegen die Bausparbeiträge, für die eine Wohnungsbauprämie gewährt worden ist, einer Zweckbindung in der Weise, daß die – nach Zuteilung oder Zwischenfinanzierung – aufgrund des Bausparvertrages erhaltenen Mittel nur zum Wohnungsbau eingesetzt werden dürfen. Die Bindungsfrist beträgt 10 Jahre, wenn die Steuerermäßigung nach § 10 EStG geltend gemacht wird.

Die Bindungsfrist hat für den Bausparer, der den Bausparvertrag zu einem der zugelassenen Verwendungszwecke einsetzt, keine Bedeutung. Schädlich ist allerdings die Rückzahlung des Bausparguthabens aufgrund einer Kündigung innerhalb der Bindungsfrist, und zwar auch dann, wenn die zurückgezahlten Bauspareinlagen dem Wohnungsbau dienen (vgl. B II 7).

Besonders aufmerksam gemacht sei auf die Vorschriften des Prämien- und Steuerrechts für den Fall der Zusammenlegung von Bausparverträgen, der Erhöhung der Bausparsumme und des Verkaufs eines Bausparvertrages im Sparstadium. Hierzu wird auf die Ausführungen unter B II 4 bis 6 verwiesen.

Für die vertragsgemäße Verwendung des Bausparvertrages gilt der breite Katalog des Abschnitts 92 Abs. 2 der Einkommensteuer-Richtlinien. Demnach ist es prämienrechtlich (wie auch steuerrechtlich) unschädlich, wenn innerhalb der Bindungsfrist die aus einem Bausparvertrag – durch Auszahlung nach Zuteilung, Zwischenfinanzierung oder anderweitige Beleihung – empfangenen Beträge unmittelbar und unverzüglich verwendet werden:

- zum Bau, zum Erwerb oder zur Verbesserung eines Wohngebäudes oder eines anderen Gebäudes, soweit es Wohnzwecken dient, oder einer Eigentumswohnung;
- zum Erwerb eines eigentumsähnlichen Dauerwohnrechts oder zur Beteiligung an der Finanzierung des Baues oder Erwerbs eines Gebäudes gegen Überlassung einer Wohnung;
- zum Erwerb von Bauland, das der Bausparer in der Absicht erwirbt, ein Wohngebäude zu errichten. Soll das zu errichtende Gebäude nur zum Teil Wohnzwecken dienen, so ist der Erwerb nur insoweit begünstigt, als das Bauland auf den Wohnzwecken dienenden Teil des Gebäudes entfällt. Auf die Baureife des Grundstücks kommt es nicht an;
- zum Erwerb eines Grundstücks, auf dem der Bausparer als Erbbauberechtigter bereits ein Wohngebäude errichtet hat;
- zur völligen oder teilweisen Ablösung von Verpflichtungen, z. B. Hypotheken, die im Zusammenhang mit einem der genannten Vorhaben eingegangen worden sind. Das gilt auch dann, wenn der Bausparer bereits mit Hilfe fremden Kapitals gebaut hat. Nicht als Ablösung von Verpflichtungen gilt die Zahlung von laufenden Tilgungs- und Zinsbeträgen, von aufgelaufenen Tilgungs- und Zinsbeträgen (sogenannte Nachtilgung) und von vorausgezahlten Tilgungs- und Zinsraten (sogenannte Voraustilgung).

Prämien- und steuerrechtlich unschädlich ist auch der Einsatz der Bausparmittel innerhalb der Bindungsfrist für bauliche Maßnahmen eines Mieters zur Modernisierung seiner Mietwohnung, d. h. zur nachhaltigen Erhöhung des Gebrauchswerts der Wohnung oder zur Einsparung von Heizenergie.

Wenn der Bausparer oder sein Ehegatte stirbt oder völlig erwerbsunfähig wird, ist jegliche Verfügung über den Bausparvertrag unschädlich, sei es nun eine Aus- oder Rückzahlung, Beleihung oder Abtretung oder dergleichen. Ebenso ist der Bausparer in der Verwendung der Bausparmittel frei, wenn die Bindungsfrist abgelaufen ist. Voraussetzung für die Bausparvergünstigung ist allerdings, daß der Vertrag in der Absicht einer vertragsgemäßen Verwendung abgeschlossen und bespart wurde. Ein Nachweis, für welchen Zweck die Bausparmittel, über die erst nach Ablauf der Bindungsfrist verfügt wird, eingesetzt werden, ist nicht zu führen.

Arbeitslose können ebenfalls (steuer- und) prämienunschädlich über das Bausparguthaben vor Ablauf der Bindungsfrist verfügen. Voraussetzung ist, daß der Bausparer nach Vertragsabschluß arbeitslos geworden ist und die Arbeitslosigkeit mindestens ein Jahr lang ununterbrochen bestanden hat und im Zeitpunkt der vorzeitigen Verfügung noch besteht.

2. Kontoabläufe mit Wohnungsbauprämien

Wenn man vorführen will, wie sich Bausparkonten entwickeln, denen Wohnungsbauprämien zufließen, so steht man sofort vor dem Problem der Auswahl möglichst allgemeingültiger Prämissen. Den Musterablauf eines prämienbegünstigt besparten Bausparvertrages kann es nicht geben; denn die Fülle der denkbaren Varianten ist unübersehbar. In der Praxis dürfte kaum ein Bausparfall dem anderen völlig gleichen.

Stichwortartig sei aufgezählt, worauf die Variationsmöglichkeiten zurückgehen.

a) Die Bausparsummen sind unterschiedlich hoch. Dazu verhält sich zwar die – meist 1%ige – Abschlußgebühr proportional, nicht aber die jährliche Kontogebühr, die ein um so geringeres Gewicht hat, je höher die Bausparsumme ist.

b) Je nach Vertragsbeginn im Laufe eines Kalenderjahres weichen die Zinsgutschriften etwas voneinander ab, selbst dann, wenn der Bausparer ansonsten die Regelsparbeiträge im Monatsrhythmus zahlt.

c) Ungewiß und weitgehend in das Belieben des Bausparers gestellt sind Sondersparzahlungen und der Zeitpunkt ihres Eingangs bei der Bausparkasse.

d) Die prämienbegünstigte Höchstsparleistung hängt vom Familienstand ab, der sich überdies während der Ansparzeit ändern kann.

e) Die Wohnungsbau-Prämienbegünstigung kann für Bausparbeiträge bestimmter Kalenderjahre ganz oder teilweise entfallen, weil entweder die maßgebliche Einkommensgrenze oder das maximal prämienbegünstigte Sparvolumen überschritten ist, eventuell sogar der Sonderausgabenabzug nach § 10 EStG beantragt wird.

f) Schließlich steht auch die Länge der Sparzeit nicht von vornherein fest.

Angesichts dieser Mannigfaltigkeit scheidet der Versuch, einen vollständigen Überblick zu geben, von Anfang an aus. Es können lediglich Beispiele betrachtet und an ihnen einige Besonderheiten aufgezeigt werden. Dazu wird auf die Tabelle 4 verwiesen, in der die Kontoabläufe des Sparstadiums von drei Bausparverträgen über je 20 000 DM Bausparsumme wiedergegeben sind.

Es handelt sich um Verträge nach dem Wüstenrot-Optionstarif, bei dem der monatliche Regelsparbeitrag 5‰ der Bausparsumme − das sind 100 DM pro Monat für die Bausparsumme von 20 000 DM −, der Guthabenzins 2,5% jährlich (ohne Zinsbonus) und die derzeitige Kontogebühr 15 DM beträgt, die auch für die Folgejahre angesetzt wird. Der Vertragsbeginn ist auf den 30. 1. eines Jahres 01 gelegt. Vom Bausparkonto wird die unverzinsliche Einlage in Höhe von 1% der Bausparsumme (200 DM) den Bausparbedingungen dieses Optionstarifs entsprechend bei Vertragsbeginn einem Sonderkonto gutgebracht und bei Vertragsauflösung nach Zuteilung unter Darlehensverzicht zum 1. 1. 08 wieder gutgeschrieben. Zum gleichen Zeitpunkt erhält der Bausparer den Zinsbonus in Höhe von 80% sämtlicher Guthabenzinsen und dafür im neunten Jahr nochmals Wohnungsbauprämie. Es wird unterstellt, daß es sich um einen verheirateten Bausparer handelt, für den eine prämienbegünstigte Höchstsparleistung von 1600 DM gilt, und daß die Einkommensgrenze während der ganzen Spardauer nicht überschritten wird.

Die drei Kontoabläufe der Tabelle 4 unterscheiden sich insofern, als im Falle

I. angenommen wird, daß der Bausparer den Regelsparbeitrag von 100 DM monatlich zahlt;

II. genau die maximal prämienbegünstigte Sparleistung von 1600 DM einschließlich der – von Jahr zu Jahr wachsenden – Guthabenzinsen eingezahlt wird; dies geschieht in der Weise, daß die letzte(n) Monatssparrate(n) am Jahresende um die zu erwartenden Guthabenzinsen entsprechend gekürzt wird, so daß sich damit zusammen 1600 DM ergibt;

III. der Monatsparbeitrag 150 DM, d. h. die jährliche Sparleistung gleichbleibend 1800 DM beträgt, die mithin von vornherein das prämienbegünstigte Höchstsparvolumen überschreitet.

Die Berechnung erstreckt sich über sieben volle Kalenderjahre, d. h. über die prämienrechtliche Bindungsfrist gemäß WoPG. Vom zweiten Jahr an belastet die Bausparkasse das Bausparkonto jeweils zum 30. 6. mit der Bearbeitungsgebühr von 3 DM für den Wohnungsbauprämienantrag. Die Gutschrift der Wohnungsbauprämien für die ersten sieben Sparjahre ist zum 30. 6. des achten Jahres unterstellt. Sie wird, mit 2,5% über sechs Monate abgezinst, mit Wertstellung 1. 1. 08 in das Endguthaben einbezogen, dem sie wirtschaftlich zuzurechnen ist. In einer Nebenrechnung wird eine achte Jahressparleistung per 1. 1. 08 einbezogen, für die der Bausparer annahmegemäß eine Wohnungsbauprämie am 30. 6. 09 erhält (über 1 1/2 Jahre ebenfalls auf den 1. 1. 08 abgezinst).

Da der Bausparer im Falle I nur die Regelsparbeiträge entrichtet, bleibt er während der ganzen Sparzeit auch einschließlich der Guthabenzinsen hinter der prämienbegünstigten Höchstsparleistung von 1600 DM pro Kalenderjahr zurück. Auf diese Sparleistung von 1600 DM ist der Fall II zugeschnitten, der gerade so konstruiert ist, daß exakt die maximal prämienbegünstigte Sparleistung erreicht wird. Folglich erhält der Bausparer für jedes Sparjahr die Höchstprämie von 160 DM. Das gilt zwar auch für den Fall III, doch liegen hier die Sparleistungen von Anfang an über dem prämienbegünstigten Maximum von 1600 DM und durch die Zinsgutschriften im Laufe der Jahre immer mehr. Dadurch fällt ein immer größerer Teil der jährlichen Aufwendungen prämienmäßig gesehen ins Leere. Wie nicht anders zu erwarten, ist das Endguthaben zu Beginn des 8. Jahres im Falle

I. am niedrigsten (10 492 DM = 52,5% der Bausparsumme),

III. am höchsten (15 611 DM = 78,1% der Bausparsumme) und nimmt im Falle

II. in etwa eine Mittellage ein mit 12 971 DM = 64,9% der Bausparsumme.

Da es sich um eine Musterrechnung handelt, ist keine Rücksicht darauf genommen worden, ob der Bausparvertrag zum 1. 1. 08 schon zugeteilt werden kann. In der Tat weist er im Fall I zum 31. 12. 07 noch nicht das 50%ige Mindestsparguthaben auf. Die Bewertungszahl zum 30. 9. 07 − bei den Bewertungszahlfaktoren 48 und 56 dieses Optionstarifs − ist aber genügend hoch. Der Bausparer hätte also ohne weiteres durch eine Auffüllung des Bausparguthabens zum 30. 9. 07 eine Zuteilung zum 1. 1. 08 erreichen können.

3. Rendite

Nach dem Schema der Tabelle 4 sind die Kontoabläufe auch für Alleinstehende durchgerechnet worden. Die Ergebnisse sind in der Tabelle 5 zusammengefaßt. Angegeben sind dort der Guthabenzuwachs und die Rendite im Siebenjahreszeitraum bei Bausparverträgen über 10 000 DM bei Alleinstehenden und über 20 000 DM bei Verheirateten. Unterschieden ist jeweils nach den Fällen

I. mit der Zahlung nur des monatlichen Regelsparbeitrags von 5‰ der Bausparsumme,

II. mit monatlich geleisteten Jahressparbeiträgen, die einschließlich der Guthabenzinsen genau dem prämienbegünstigten Höchstsparvolumen von 800 DM bzw. 1600 DM entsprechen, und

III. mit der Entrichtung monatlicher Bausparbeiträge von gleichbleibend 75 DM bzw. 150 DM.

Die Tabelle 5 gliedert in ihren Spalten 1, 3, 4 und 5 exakt auf, was der Bausparer an Bausparbeiträgen aufbringt, wieviel Wohnungsbauprämien sowie Guthabenzinsen einschließlich 80% Zinsbonus darauf er hierfür erhält und welche Gebührenbelastungen (nach Wiedergutschrift der unverzinslichen Einlage) auftreten.

Von besonderem Interesse ist die in der Spalte 9 der Tabelle 5 mitgeteilte Rendite. Sie gibt den tatsächlichen Jahreszinssatz wieder, mit dem die monatlich geleisteten Bausparbeiträge (vom Gesamtbetrag gemäß Spalte 1) aufgezinst werden müßten, um nach 7 Jahren zum Endguthaben der Spalte 6 anzuwachsen.

In den durchgerechneten Beispielen liegt die Rendite durchweg zwischen 5,9% und 6,7%. Beispielsweise erzielt der Verheiratete im Fall II eine Rendite von 6,4%, wenn er sieben, eine solche von 6,6%, wenn er acht Jahressparleistungen, wie in der Nebenrechnung von Tabelle 4 dargestellt, erbringt.

Die ermittelten Renditen gelten selbstverständlich nur für die durchgerechneten Beispiele. Abweichungen stellen sich zwangsläufig heraus, wenn man Höhe und Valutierung der Sparleistungen oder die Länge der Sparzeit variiert. Isoliert aus dem Blickwinkel der Rendite gesehen, spielt die Höhe der Bausparsumme und die davon abhängige unverzinsliche Einlage auf die Abschlußgebühr kaum eine Rolle mehr, weil dem Bausparer diese Einlage erstattet wird, wenn er auf das Bauspardarlehen, wie hier angenommen, verzichtet. Die vergleichsweise höchste Rendite ist jeweils zu erzielen, wenn die jährlichen Aufwendungen sich möglichst vollständig im Rahmen des prämienbegünstigten Höchstsparvolumens bewegen. Ferner ist die Rendite immer um so höher, je kürzer die Sparzeit ist. Da innerhalb der siebenjährigen Bindungsfrist über das Bausparguthaben nach Zuteilung verfügt werden kann, wenn es für eine wohnungswirtschaftliche Maßnahme verwendet wird (siehe oben C I 1 e), läßt sich also gegebenenfalls sogar noch eine beträchtliche Steigerung der Rendite erzielen.

II. Sonderausgabenabzug der Bausparbeiträge

1. Allgemeines

Der Bausparer hat in jedem Jahr die Wahl, sich entweder für den Sonderausgabenabzug seiner Bausparbeiträge nach § 10 des Einkommensteuergesetzes (EStG) oder für den Antrag auf Wohnungsbauprämie zu entscheiden. Die wesentlichen Gesetzesvorschriften für beide Arten von Sparhilfen stimmen überein. Es kann deshalb wegen der Bestimmungen über das Wahlrecht, die begünstigten Aufwendungen, die Bindungsfrist und die vertragsgemäße Verwendung auf die Ausführungen unter C I 1 verwiesen werden. Aufmerksam gemacht sei lediglich nochmals darauf, daß die Bindungsfrist für den Fall des Sonderausgabenabzugs 10 Jahre beträgt und daß eine Einkommensgrenze nach § 10 EStG nicht gezogen ist. Für Bausparer mit entsprechend hohen zu versteuernden Einkommen gewinnt deshalb der Sonderausgabenabzug – vorausgesetzt, dafür ist bei Arbeitnehmern noch Raum oberhalb der Vorsorgepauschale – besondere Bedeutung.

2. Sonderausgaben-Höchstbeträge für Vorsorgeaufwendungen

Nach § 10 EStG können unter den dort niedergelegten Voraussetzungen folgende Aufwendungen als Sonderausgaben vom Gesamtbetrag der Einkünfte abgezogen werden:
1. Unterhaltsleistungen
1a. Renten und dauernde Lasten
2. Versicherungsbeiträge
3. Bausparbeiträge
4. gezahlte Kirchensteuer
5. Vermögens-, Hypothekengewinn- und Kreditgewinnabgabe
6. Steuerberatungskosten
7. Berufsausbildungs- oder Weiterbildungsaufwendungen
8. Aufwendungen für hauswirtschaftliche Beschäftigungsverhältnisse

9. 30% des Entgelts an bestimmte Ersatz- oder Ergänzungs-
schulen für den Schulbesuch eines Kindes.

Eine Begrenzung der Höhe nach gibt es für die Sonderausgaben nach den Nummern 1, 1 a sowie 4 bis 6 nicht, wohl aber für
die Versicherungs- und Bausparbeiträge nach den Nummern 2
und 3, die der Gesetzgeber zusammenfassend Vorsorgeaufwendungen nennt. Diese Sonderausgaben-Höchstbeträge setzen
sich seit dem 1. 1. 1993 wie folgt zusammen:

1. Vorwegabzug
   6000 DM für Alleinstehende und 12000 DM für zusammenveranlagte Ehegatten; der Vorwegabzug kann nur für Versicherungsbeiträge ausgenutzt werden, das sind neben den
   Sozialversicherungsbeiträgen Beiträge zur privaten Kran-
   ken-, Unfall- und Haftpflichtversicherung, vor allem aber
   zur Lebensversicherung; bei Arbeitnehmern vermindert sich
   der Vorwegabzug regelmäßig um 16% des Bruttojahres-Arbeitsentgelts (siehe auch weiter unten).

2. Grundhöchstbetrag
   2610 DM für Alleinstehende bzw. 5220 DM für zusammenveranlagte Ehegatten; der Grundhöchstbetrag kann durch
   Versicherungs- und Bausparbeiträge belegt werden.

3. Hälftiger Höchstbetrag
   Aufwendungen von 2610 DM bzw. 5220 DM, soweit sie
   über den Vorwegabzug und den Grundhöchstbetrag hinausgehen; die entsprechenden Versicherungs- und Bausparbeiträge sind jedoch nur zur Hälfte absetzbar.

Wesentlich ist, daß seit dem Jahre 1990 Bausparbeiträge beim
Sonderausgabenabzug nur zu 50% angesetzt werden können.
Soweit sie also in den hälftigen Höchstbetrag fallen, wirken sie
sich steuerlich nur zu 25% aus.

Die Sonderausgaben-Höchstbeträge für Vorsorgeaufwendungen nach § 10 EStG ab 1. 1. 1993 sind in der Tabelle 6 zu-
sammengestellt. Die Zahlenwerte für den Fall des ungekürzten
Vorwegabzugs unter I gelten für selbständig und freiberuflich
Tätige. Vollständig ausgezehrt ist 1993 der Vorwegabzug bei

rentenversicherungspflichtigen Arbeitnehmern mit Bruttojahres-Arbeitsentgelten von mehr als 50 000 DM (Alleinstehende) oder 100 000 DM (Verheiratete). In den drei letzten Spalten der Tabelle 6 ist errechnet, wieviel Sonderausgaben der Steuerpflichtige insgesamt aufwenden muß, wenn er das Maximum der ebenfalls genannten Steuerwirksamkeit erzielen will. Beispielsweise beläuft sich für Verheiratete der Höchstaufwand auf 12 000 DM + 10 440 DM + 10 440 DM = 32 880 DM und das Maximum der steuerwirksamen Sonderausgaben auf 12 000 DM + 5220 DM + 2610 DM = 19 830 DM, wenn der Vorwegabzug ungeschmälert zur Verfügung steht und Grundhöchstbetrag wie hälftiger Höchstbetrag mit Bausparbeiträgen belegt werden.

3. Vorsorgepauschalen

Das EStG räumt jedem Steuerpflichtigen gewisse Pauschbeträge ein, die ohne Einzelnachweis auch dann abgesetzt werden können, wenn die tatsächlichen Sonderausgaben den Pauschbetrag nicht erreichen. Für Aufwendungen im Sinne der Ziffern 1, 1 a und 4 bis 9 von § 10 sowie von § 10 b EStG − dazu zählen vor allem Kirchensteuern und Spenden − gilt ein Sonderausgaben-Pauschbetrag von 108 DM bzw. − bei zusammenveranlagten Ehegatten − von 216 DM.

Arbeitnehmern steht eine sogenannte Vorsorgepauschale zu. Sie soll die regelmäßig anfallenden Sozialversicherungsbeiträge abgelten und ist bereits in die Lohnsteuertabellen fest eingearbeitet. Die Vorsorgepauschale wurde 1975 bis 1982 unabhängig davon gewährt, ob tatsächlich Pflichtbeiträge zur Sozialversicherung anfielen. Sie galt demnach z. B. auch für Beamte. Hier ist ab 1. 1. 1983 durch die sogenannte Kappung der Vorsorgepauschale für nichtrentenversicherungspflichtige Arbeitnehmer eine Änderung eingetreten.

Die Vorsorgepauschale beträgt grundsätzlich 18 % des Bruttojahres-Arbeitsentgelts, und zwar solange, wie sie den Grundhöchstbetrag und den − nach Kürzung um 16 % des Arbeitslohns verbleibenden − Vorwegabzug nicht übersteigt. Für darüberhinaus gehende Arbeitsentgelte nimmt die Vorsorgepauschale nur noch im Rahmen des hälftigen Höchstbetrags zu, bis auch dieser vollständig belegt ist. Danach sinkt die Vorsorgepauschale bei rentenversicherungspflichtigen Arbeitnehmern sogar infolge der 16%igen Kürzung beim Vorwegabzug wieder ab, bis sie oberhalb der Jahresverdienste von 50 000 DM/100 000 DM bei 3915 DM/7830 DM verharrt.

In der besonderen Lohnsteuertabelle, die für nichtrentenversicherungspflichtige Arbeitnehmer wie Beamte und Vorstandsmitglieder von Aktiengesellschaften gilt (Personenkreis gemäß § 10 c Abs. 3 EStG), steigt die Vorsorgepauschale nur bis zu 2000 DM/4000 DM an. Die Kappungsbeträge sind schon für Bruttojahres-Arbeitsentgelte ab 11 111 DM/22 222 DM erreicht.

Als Arbeitslohn zählt das steuerpflichtige Jahresentgelt einschließlich Sonderzahlungen wie Urlaubs- und Weihnachtsgeld usw., das ggfs. zu kürzen ist um den Versorgungs-Freibetrag nach § 19 Abs. 2 und den Altersentlastungsbetrag nach § 24 a EStG. Die Vorsorgepauschale ist jeweils auf den nächsten durch 54 ohne Rest teilbaren vollen DM-Betrag abzurunden, wenn sie nicht bereits durch 54 teilbar ist.

Hier einige Beispiele für die Berechnung der Vorsorgepauschale 1993:

Persönliche Daten	Beispiel 1	Beispiel 2	Beispiel 3	Beispiel 4
Familienstand	alleinstehend	verheiratet	verheiratet	verheiratet
Beschäftigungsverhältnis	Alleinverdiener	Alleinverdiener	Alleinverdiener	Doppelverdiener
Rentenversicherungspflichtig	ja	nein	ja	ja
	DM	DM	DM	DM
Bereinigter Jahresarbeitslohn ⎰ 1. Ehegatte	–	40 000	86 400	35 000
2. Ehegatte	–	–	–	25 000
insgesamt	30 000	40 000	86 400	60 000

Vorsorgepauschale

Rechnerischer 18%-Teil		5 400	7 200	15 552	10 800
Davon	Grundhöchstbetrag (ggf. gekappt)	2 610	4 000	5 220	5 220
	Restl. Vorwegabzug	1 200		0	2 400
innerhalb	Vollabziehbarkeit	3 810		5 220	7 620
	Hälft. Höchstbetrag	795		2 610	1 590
Insgesamt	Unabgerundet	4 605	4 000	7 830	9 210
	Abgerundet	4 590	3 996	7 830	9 180

4. Restraum des steuerwirksamen Sonderausgabenabzugs oberhalb der Vorsorgepauschalen

Die Vorsorgepauschale bedeckt die Sonderausgaben-Höchstbeträge ganz oder zum Teil. Das gilt ohne Rücksicht darauf, ob tatsächlich Versicherungs- und Bausparbeiträge in der erforderlichen Höhe aufgewendet werden. Der entsprechende Steuervorteil wird mithin ohne Nachweis der Aufwendungen eingeräumt, und zwar schon bei der Lohnbesteuerung.

Für manche Arbeitnehmer bleibt oberhalb der Vorsorgepauschale noch ein Restraum des Sonderausgabenplafonds, der gegebenenfalls steuerwirksam ausgenutzt werden kann. Das gilt vor allem für Verheiratete, deren Ehegatte nicht als Arbeitnehmer tätig ist, und für Arbeitnehmer, deren Vorsorgepauschale gekappt ist, die also nach der besonderen Lohnsteuertabelle besteuert werden. Hingegen stimmt für rentenversicherungspflichtige alleinstehende und solche verheirateten Arbeitnehmer, deren Ehegatte ebenfalls Arbeitslohn bezieht, oft die Vorsorgepauschale mit dem Sonderausgaben-Höchstbetrag überein, insbesondere, wenn sie relativ gut verdienen; folglich können sie aus den Privatvorsorge-Aufwendungen keine Steuerersparnis mehr erzielen, müssen vielmehr sogar die Sozialversicherungsbeiträge teilweise aus dem versteuerten Einkommen aufbringen.

Wie sich der steuerwirksame Restraum oberhalb der Vorsorgepauschale errechnet, sei an den vier Beispielen des vorhergehenden Kapitels demonstriert:

Position	Beispiel 1	Beispiel 2	Beispiel 3	Beispiel 4
	DM	DM	DM	DM
Restl. Vorwegabzug	1 200	5 600	0	2 400
Grundhöchstbetrag	2 610	5 220	5 220	5 220
Hälft. Höchstbetrag	1 305	2 610	2 610	2 610
Sonderausgaben-Höchstbetrag	5 115	13 430	7 830	10 230
Vorsorgepauschale	4 590	3 996	7 830	9 180
Restraum[1])	525	9 434	0	1 050

[1]) Ohne Berücksichtigung der steuerwirksamen Sozialversicherungsbeträge, soweit sie die Vorsorgepauschale übersteigen.

Bei den Zahlenwerten der letzten Zeile handelt es sich um diejenigen Beträge, die maximal vom zu versteuernden Einkommen abgesetzt werden können, wenn Privatvorsorge-Aufwendungen nachgewiesen werden, die zur vollständigen Ausschöpfung des Abziehbarkeitsrahmens für Vorsorgeaufwendungen ausreichen. Die daraus resultierende Steuerersparnis richtet sich nach dem individuellen (Grenz-)Steuersatz des Arbeitnehmers. Die Aufwendungen müssen den steuerwirksamen Betrag überschreiten, weil im Bereich des hälftigen Höchstbetrags der Aufwand doppelt so hoch ist wie die Steuerwirksamkeit. Die Vorsorgepauschale umfaßt bei nichtrentenversicherungspflichtigen Arbeitnehmern in entsprechendem Umfang diejenigen Privatvorsorge-Aufwendungen, die schon geleistet worden sind oder werden müssen, ohne daß daraus eine – zusätzliche – Steuerersparnis hervorgeht. Umgekehrt verhält es sich bei den Rentenversicherungspflichtigen, bei denen aus den geleisteten Arbeitnehmer-Sozialversicherungsbeiträgen schon eine Steuerwirksamkeit hervorgeht, welche die Vorsorgepauschale überschreitet und bei der Einkommensteuer-Veranlagung geltend gemacht werden kann. Wegen näherer Einzelheiten wird auf die Beilage zum Betriebs-Berater »Vorsorgeaufwendungen 1993, Arbeitnehmer-Information über die Vorsorgepauschale und die verbleibenden Möglichkeiten des steuerwirksamen Sonderausgabenabzugs von Versicherungs- und Bausparbeiträgen« verwiesen, die von der Verlagsgesellschaft Recht und Wirtschaft mbH, 6900 Heidelberg 1, Postfach 10 59 60, auch gesondert bezogen werden kann und die regelmäßig auf den neuesten Stand gebracht wird.

III. Vermögensbildungsgesetz

1. Förderungssystem

Die Vermögensbildung in Arbeitnehmerhand wird vom Staat durch das Vermögensbildungsgesetz (VermBG) besonders gefördert, seit dem 1. 1. 1987 als Fünftes Vermögensbildungsgesetz (5. VermBG). In den meisten Wirtschaftszweigen werden heute vermögenswirksame Leistungen aufgrund von Tarifverträgen gewährt.

a) Arten vermögenswirksamer Leistungen

Das VermBG kennt verschiedene Arten, wie vermögenswirksame Leistungen, die der Arbeitgeber für den Arbeitnehmer erbringt, verwendet werden können. Dazu gehören Aufwendungen nach dem Wohnungsbau-Prämiengesetz (WoPG), insbesondere also Bausparbeiträge.

Die vermögenswirksamen Leistungen können zu Verträgen des Arbeitnehmers oder seines Ehegatten, der von ihm nicht dauernd getrennt lebt, ebenso zu solchen seiner Kinder unter 18 Jahren erbracht werden. Schließlich ist darauf hinzuweisen, daß nicht nur den vom Arbeitgeber zusätzlich zum Arbeitslohn gezahlten vermögenswirksamen Leistungen die Begünstigung des VermBG zukommt, sondern auch den auf Antrag des Arbeitnehmers vom laufenden Arbeitslohn abgezweigten Teilen, sofern bis zum Höchstbetrag von 936 DM pro Kalenderjahr noch Raum hierfür sein sollte.

b) Arbeitnehmer-Sparzulagen

Für vermögenswirksame Leistungen bis zu jährlich 936 DM, die als Bausparbeiträge verwendet werden, erhält der Arbeitnehmer, wenn in dem betreffenden Kalenderjahr die Einkommensgrenze nicht überschritten wird, eine Arbeitnehmer-Sparzulage in Höhe von 10%. Die Sparzulage beträgt demnach maximal 93,60 DM. Sie selbst ist steuerfrei, die vermögenswirksame Leistung nicht.

Seit 1990 wird die Arbeitnehmer-Sparzulage nicht mehr vom Arbeitgeber zusammen mit dem Arbeitslohn, sondern auf Antrag des Arbeitnehmers von seinem für ihn zuständigen Finanzamt gezahlt. Der Antrag ist im Rahmen der Einkommensteuer-Veranlagung spätestens bis zum Ende des zweiten Kalenderjahres nach den vermögenswirksamen Leistungen zu stellen und führt im allgemeinen zu einer Verrechnung der Sparzulage mit den Einkommensteuern.

c) Einkommensgrenzen

Anspruch auf die Arbeitnehmer-Sparzulage besteht allerdings nur, wenn das zu versteuernde Einkommen im Kalenderjahr der vermögenswirksamen Leistung bei Alleinstehenden 27 000 DM bzw. − bei zusammenveranlagten Ehegatten − 54 000 DM nicht übersteigt. Das entspricht den Einkommensgrenzen, die im WoPG gezogen sind.

Die auf den Bausparvertrag als Sparbeiträge überwiesenen vermögenswirksamen Leistungen unterliegen dort den prämien- und steuerrechtlichen Zweckbindungen. Die erstmalige Einzahlung vermögenswirksamer Leistungen auf einen bestehenden Bausparvertrag löst jedoch nicht den Lauf einer neuen Bindungsfrist aus; diese richtet sich vielmehr nach dem Vertragsbeginn des Bausparvertrages. Es ist nicht möglich, für die vermögenswirksamen Leistungen Wohnungsbauprämien zu beantragen oder den Sonderausgabenabzug nach § 10 EStG geltend zu

machen, wenn die vermögenswirksamen Leistungen sparzulageberechtigt sind. Bei Überschreiten der Einkommensgrenze
oder des 936 DM-Höchstbetrages zählen die vermögenswirksamen Leistungen hingegen zu den normalen, gegebenenfalls prä-
mien- und steuerrechtlich relevanten Bausparbeiträgen.

Wenn der Bausparer die nach Zuteilung oder Zwischenfinanzierung des Bausparvertrages erlangten Mittel innerhalb der
Bindungsfrist nicht unmittelbar und unverzüglich zum Wohnungsbau verwendet oder den Bausparvertrag vorzeitig kündigt, sind die Arbeitnehmer-Sparzulagen – ebenso wie die
Wohnungsbauprämien – zurückzuzahlen. Das gilt auch, wenn
sich herausstellt, daß sie zu Unrecht gewährt worden sind, beispielsweise weil die Einkommensgrenze überschritten ist.

2. Vermögenswirksame Leistungen als Bausparbeiträge

Durch Sparbeiträge, die aus sparzulageberechtigten vermögenswirksamen Leistungen stammen, kann der Arbeitnehmer
infolge der Sparzulagen beträchtliche Kapitalvermehrungen
und Renditen erzielen. Hierzu tragen bei
– die Guthabenzinsen des Bausparvertrages,
– die Reduktion des Zahlungsaufwandes durch die Sparzulagen und
– die eventuelle Abkürzung der Anlagedauer.

Zum letztgenannten Punkt ist zu erläutern, daß die vorzeitige
Verfügung auf zweierlei Weise möglich ist. Zum einen kann es
sich um einen schon einige Zeit bestehenden Bausparvertrag
handeln, der also bereits nach wenigen Jahren den Ablauf der
prämien- und steuerrechtlichen Bindungsfrist erreicht. Zum anderen kann – wie auch sonst – nach Zuteilung innerhalb der
Bindungsfrist bei wohnungswirtschaftlicher Verwendung das
Bausparguthaben unschädlich eingesetzt werden.

In der Tabelle 7 sind Guthabenzuwachs und Rendite für
einen Bausparvertrag mit rd. 4,5%iger Guthabenverzinsung errechnet, dem jährlich 936 DM vermögenswirksame Leistungen
zufließen. Die Gebührenbelastungen können vernachlässigt
werden, weil anzunehmen ist, daß ein Bausparvertrag bereits

besteht, dessen Abschlußgebühr schon bezahlt ist und dessen Kontogebühren ohnehin anfallen. Man lasse sich durch die mit kürzerer Anlagedauer absinkende relative Kapitalvermehrung nicht täuschen: Die Rendite des vermögenswirksamen Bausparens ist um so höher, je eher über das aus sparzulageberechtigten vermögenswirksamen Leistungen gebildete Bausparguthaben verfügt werden kann.

D. Zuteilung und Wartezeit

Zweck des Bausparvertrages ist die Erlangung des Bauspardarlehens. Dieses Vertragsziel wird mit der Zuteilung erreicht. Wenn der Bausparer die Zuteilung annimmt, stellt ihm die Bausparkasse die Bausparsumme zur Auszahlung bereit. Im folgenden soll beschrieben werden, welche Voraussetzungen für eine Zuteilung zu erfüllen und welche Besonderheiten rund um die Zuteilung gerade für Bankkaufleute sowie Baufinanzierungs- und Anlageberater zu wissen wichtig sind.

I. Zeitliche und geldliche Voraussetzungen

Ein Bausparvertrag muß bestimmte, nach Zeit und Geld zu unterscheidende Bedingungen erfüllen, wenn er zugeteilt werden soll. Die zeitliche Voraussetzung ist das Absolvieren der tariflichen Mindestsparzeit. Von der Geldseite her gesehen ist es erforderlich, daß der Bausparer einen bestimmten Sparbeitrag erbracht hat, der sich bei allen Bauspartarifen in dem bedingungsgemäßen Mindestsparguthaben manifestiert. Als dritte und entscheidende Voraussetzung für eine Zuteilung kommt es auf eine hinreichend hohe Bewertungszahl des Bausparvertrages an, gegebenenfalls auch darauf, daß der Bausparer den Antrag auf Zuteilung gestellt hat; dies wird in den beiden nachfolgenden Kapiteln behandelt.

Zunächst zur Mindestsparzeit: Fast alle Tarife deutscher Bausparkassen sehen ein solches Erfordernis der Mindestlaufzeit des Bausparvertrages vom Vertragsabschluß bis zur Zuteilung vor. Die vorherrschende Mindestsparzeit beträgt 18 Monate. Es kommen jedoch auch längere Fristen von 24 bis zu 60 Monaten vor. Im einzelnen wird auf die Spalte 4 der Tabelle 8 verwiesen. Bei einer exakten Analyse muß man – wie es in den dort wiedergegebenen Fußnoten geschehen ist – danach unterscheiden, bis zu welchem Termin die Mindestsparzeit abgelaufen sein muß. Das kann der Zuteilungszeitpunkt selbst sein. Häufig wird jedoch verlangt, daß die Mindestsparzeit schon an dem Bewertungsstichtag vor der jeweiligen Zuteilungsperiode oder an deren Beginn erfüllt sein muß. Die öffentlich-rechtlichen Bausparkassen zählen dabei meist den Monat, in dem der Bausparvertrag abgeschlossen worden ist, voll mit.

Ganz überwiegend sind solche Feinheiten aber gar nicht entscheidend. Es geht hier nämlich um Mindestlaufzeiten, die im Normalfall erheblich überschritten werden; denn entweder hat der Bausparer in dieser Zeit nicht einmal das Mindestguthaben angespart, oder die Bewertungszahl seines Vertrages ist für eine Zuteilung nicht genügend hoch. Wenn man sich vergegenwärtigt, daß durch die Bausparguthaben der noch nicht zugeteilten Bausparer die Bauspardarlehen der bereits zugeteilten refinanziert werden, so bedarf es ohnehin keiner längeren Darlegungen, daß es unmöglich ist, alle oder auch nur die meisten Bausparer schon nach Ablauf der Mindestsparzeit zuzuteilen und mit einem wenigstens 5, höchstens 20 Jahre lang laufenden Bauspardarlehen zu bedienen. Vor diesem Hintergrund ist es verständlich, daß bei einigen Bauspartarifen die Mindestsparzeit ganz fehlt. Dafür aber wird eine Mindestbewertungszahl gefordert (vgl. nachstehend II 3).

Die herkömmlichen Tarife des deutschen Bausparens sehen ein Mindestsparguthaben in Höhe von 40% der Bausparsumme vor. Bei fast allen neueren (seit etwa 1980 eingeführten) Bauspartarifen gibt es ein 50%iges, zum Teil ein 45%iges Mindestsparguthaben. Das tarifliche Mindestsparguthaben muß immer schon an dem der Zuteilungsperiode vorhergehenden Bewertungsstichtag vorhanden sein.

II. Bewertungszahl

1. Prinzip

Bei allen deutschen Bausparkassen gibt es sogenannte Bewertungsstichtage. Das sind entweder − wie bei den Bausparkassen Badenia, Colonia, Debeka, Mainz und Quelle − der 31. März und der 30. September, die Quartalsenden − so bei den Bausparkassen GdF Wüstenrot, Schwäbisch Hall und Heimstatt − oder die Letzten der Kalenderhalbjahre 30. Juni und 31. Dezember − bei der Iduna und zwei öffentlich-rechtlichen Bausparkassen − . Auch die Monatsletzten kommen als

Bewertungsstichtage vor (Leonberger, Alte Leipziger und Vereinsbank-Victoria). Die an den Bewertungsstichtagen nach Prozentguthaben und Bewertungszahl festgestellten Verhältnisse sind maßgebend für die nachfolgende Zuteilungsperiode; das ist beispielsweise das Kalenderhalbjahr im Falle der Bewertungsstichtage 31. März und 30. September. Durchweg liegt zwischen dem Bewertungsstichtag und der ersten Zuteilung der zugehörigen Zuteilungsperiode ein Zeitabstand von 2 bis 4 Monaten. Einzelheiten sind den Spalten 3 und 6 der Tabelle 1 zu entnehmen.

An den Bewertungsstichtagen werden insbesondere die Bewertungszahlen aller noch nicht zugeteilten Bausparverträge errechnet. Die Zuteilungsreihenfolge richtet sich nach der Höhe der von den einzelnen Verträgen erreichten Bewertungszahlen. Eine höhere Bewertungszahl hat den Vorrang. Die Zuteilung erstreckt sich so weit, wie Zuteilungsmittel verfügbar sind. Die niedrigste noch für eine Zuteilung ausreichende Bewertungszahl nennt man Zielbewertungszahl.

Was hat es für eine Bewandtnis mit der Bewertungszahl? Die Bewertungszahl soll eine möglichst gerechte, jedenfalls objektive Maßzahl für die Auswahl derjenigen Bausparverträge sein, die das Zuteilungsziel erreichen. Dazu wird der sogenannte Sparverdienst bewertet. Der Sparverdienst fällt um so höher aus, je länger und − bezogen auf die Bausparsumme des Einzelvertrages − je höher das Spargeld dem Bausparkollektiv anvertraut war. Man spricht von einem Zeit-mal-Geld-System der Bewertungszahlberechnung. Eine vergleichsweise hohe Bewertungszahl kann der Bausparer also entweder durch eine lange Liegezeit seines Bausparguthabens (Zeitfaktor) oder durch hohe Bausparbeiträge (Geldfaktor) erreichen.

2. Formeln und Faktoren

Die Formeln für die Ermittlung der Bewertungszahlen differieren von Kasse zu Kasse und zum Teil von Tarif zu Tarif. Dazu seien einige Beispiele zitiert. Im § 11 der Bausparbedingungen heißt es

Tarif 2:

»(4) Die Bewertungszahl des einzelnen Bausparvertrags wird aus der Summe der Habensalden berechnet. Die Summe der Habensalden wächst von Stichtag zu Stichtag jeweils um die Höhe des Bausparguthabens. Die Bewertungszahl ist die dreißigfache Summe der Habensalden, geteilt durch die Bausparsumme, auf- oder abgerundet auf eine ganze Zahl.«

Tarif 7:

»(4) Die Bewertungszahl des einzelnen Bausparvertrags wird aus der Summe der Habensalden berechnet. Die Summe der Habensalden wächst von Stichtag zu Stichtag jeweils um die Höhe des Bausparguthabens. Im Regelfalle ist die Bewertungszahl die vierzigfache Summe der Habensalden, geteilt durch die Bausparsumme, auf- oder abgerundet auf eine ganze Zahl.

(5) Der Bausparer kann vor Beginn der Auszahlung aus der zugeteilten Bausparsumme jederzeit eine höhere Bewertung verlangen, wenn er in einen höheren Tilgungsbeitrag einwilligt (§ 20 Abs. 2). Die Summe der Habensalden wird bei der Berechnung der Bewertungszahl multipliziert mit dem Faktor 56 bei einem Tilgungsbeitrag von 8 vom Tausend bzw. mit dem Faktor 48 bei einem Tilgungsbeitrag von 7 vom Tausend statt 6 vom Tausend der Bausparsumme. Wünscht der Bausparer eine Ermäßigung des Tilgungsbeitrags, so muß er in eine niedrigere Bewertung einwilligen. Die Summe der Habensalden wird bei der Berechnung der Bewertungszahl multipliziert mit dem Faktor 32 bei einem Tilgungsbeitrag von 5 vom Tausend bzw. mit dem Faktor 24 bei einem Tilgungsbeitrag von 4 vom Tausend statt 6 vom Tausend der Bausparsumme.

Zur Berechnung der Bewertungszahl werden in diesen Fällen die gemäß Satz 2 bzw. Satz 4 bewerteten Summen der Habensalden durch die Bausparsumme geteilt und auf eine ganze Zahl auf- oder abgerundet.«

bei der BHW Bausparkasse

Tarif B 1:
>Die Bewertungszahl des einzelnen Bausparvertrages ist die Summe sämtlicher Habensalden (jeweilige Höhe des auf volle DM auf- bzw. abgerundeten Bausparguthabens, soweit es die Bausparsumme nicht übersteigt) an den von dem Bausparvertrag schon durchlaufenen Bewertungsstichtagen, multipliziert mit 15, geteilt durch die Bausparsumme.«

bei der Debeka Bausparkasse:
>Die Bewertungszahl wächst von Stichtag zu Stichtag. Der Zuwachs zu einem Stichtag ist die jeweilige Höhe des Sparguthabens, geteilt durch ein Tausendstel der jeweiligen Bausparsumme, aufgerundet auf eine Stelle hinter dem Komma.«

Das letzte Zitat ist ein Beispiel für die sogenannte Zuwachsmethode, die vorhergehenden für die Habensaldenmethode. Daneben gibt es noch die Zinsenmethode und eine Mischformel, die ebenfalls die bis zum Bewertungsstichtag verdienten Guthabenzinsen für die Berechnung der Bewertungszahl heranzieht.

Beispiele sind

die Bausparkasse Schwäbisch Hall
Tarif N:
>Die Bewertungszahl ist das 1,2fache der bis zum Bewertungsstichtag erzielten Guthabenzinsen im Verhältnis zu einem Tausendstel der Bausparsumme.«

und der Classic-Tarif der öffentlich-rechtlichen Bausparkassen:
>Die für die Reihenfolge der Zuteilung maßgebende Bewertungszahl wird in der Weise ermittelt, daß die Summe aus dem Bausparguthaben und dem 10fachen Betrag der in dem Bausparguthaben enthaltenen Zinsen durch den Regelsparbeitrag geteilt wird. Die bis zum Bewertungsstichtag angefallenen, aber im Bausparguthaben noch nicht enthaltenen

Zinsen werden dabei wie die bereits gutgeschriebenen Zinsen bewertet.«

Die Bausparkassen wenden also abweichende Faktoren oder Divisoren an oder benutzen zum Teil die Summe der Guthabensalden oder die Guthabenzinsen, in denen sich Liegezeit und Höhe der Bausparguthaben widerspiegeln, für die Berechnung der Bewertungszahlen. Verstärkt mit Beginn der 1980er Jahre ist vor allem eine Differenzierung der Bewertungszahlfaktoren nach dem Charakter der jeweiligen Bauspartarife zu beobachten. Kurz gesagt läßt sich einem Schnelltarif ein höherer, dem Langzeittarif ein niedrigerer Bewertungszahlfaktor zuordnen als dem klassischen Bauspartarif, der als Mittellaufzeittarif mit den neueren Tarifen eine gemeinsame Zuteilungsmasse bildet. Wer nämlich eine größere Geldleistung in Spar- und Darlehensstadium als sonst erbringt, darf zu Recht eine raschere Zuteilung erwarten. Einem Bausparer hingegen, der langfristiger anspart, kann auch ein längerlaufendes Bauspardarlehen eingeräumt werden. Ein Beispiel hierfür ist die Regelung in den Absätzen 4 und 5 der ABB des Tarifs 7 der Bausparkasse GdF Wüstenrot, die vorhin zitiert worden sind. Wegen der Bewertungszahlfaktoren der einzelnen Bauspartarife siehe Spalte 7 von Tabelle 8.

Bezog sich die Bewertungszahl in allen bisher behandelten Fällen immer auf die Bausparsumme des jeweiligen Vertrages, so weicht hiervon die Berechnungsweise bei den Optionstarifen der BHW Bausparkasse und der BHW Allgemeine Bausparkasse ab, solange das 50%ige Mindestsparguthaben noch nicht erreicht ist: Hier wird die Habensaldensumme durch ein Zehntel der am Bewertungsstichtag erreichten Teil-Bausparsumme dividiert. Die Teil-Bausparsumme beläuft sich auf das Doppelte des Bausparguthabens, jeweils auf volle 1000 DM abgerundet; sie beträgt mindestens 5000 DM und kann die volle Bausparsumme des Vertrages (Ziel-Bausparsumme genannt) nicht übersteigen.

Dies führt bei den »geldlichen Nichtanwärtern« zu einem schnelleren Anstieg der Bewertungszahl als nach der herkömmlichen Formel. Dazu nachstehend ein vereinfachtes Beispiel für eine Bausparsumme von 100 000 DM, das nicht nur den Unterschied des Bewertungszahlverlaufs, sondern auch aufzeigt, daß die Bewertungszahl – die immer nur für die jeweilige Teil-Bausparsumme gilt – nach einer größeren Sparzahlung sogar absinken kann und daß ab Erreichen des 50%igen Mindestguthabens der Ziel-Bausparsumme beide Formeln das gleiche Ergebnis liefern.

Stich-tag	Jahr	Bauspar-guthaben in DM	Haben-salden-summe in DM	Teil-Bauspar-summe in DM $2 \cdot (3)$	Bewertungs-zahl bezogen auf die	
					Teil-Bauspar-summe (4) $0,1 \cdot (5)$	volle Bauspar-summe (4) $10\,000$
(1)	(2)	(3)	(4)	(5)	(6)	(7)
31. 3.	1	2 500	2 500	5 000	5	0,25
30. 6.	1	4 000	6 500	8 000	8,13	0,65
30. 9.	1	5 000	11 500	10 000	11,5	1,15
31. 12.	1	12 500	24 000	25 000	9,6	2,4
31. 3.	2	20 000	44 000	40 000	11	4,4
30. 6.	2	35 000	79 000	70 000	11,29	7,9
30. 9.	2	40 000	119 000	80 000	14,88	11,9
31. 12.	2	50 000	169 000	100 000	16,9	16,9

Zu erwähnen ist auch noch eine Neuerung, welche die Bausparkasse Mainz bei ihren Tarifen mit einem 40%igen Mindestsparguthaben eingeführt hat, nämlich die Aufwertung der Bewertungszahl beim Überschreiten des Mindestsparguthabens im Verhältnis dieses Guthabens zu 40% der Bausparsumme. Das trägt der Tatsache Rechnung, daß die höhere Ansparung – im Gegensatz zu dem gleichzeitig geführten Optionstarif mit seinem 50%igen Festdarlehensanspruch – den Darlehensanspruch verkürzt. Ähnliche Regelungen finden sich im Tarif F der Bausparkasse Schwäbisch Hall und in den Tarifen 1, 2 und 3 der Deutschen Bausparkasse.

Beachtet man überdies die unterschiedlichen Bewertungsstichtage, so wird deutlich, daß die Umrechnung der Bewertungszahlen einer Bausparkasse in die einer anderen problematisch ist. Es kann hier auch nicht um einen vollständigen Überblick oder einen Vergleich der von den einzelnen Instituten angewendeten Berechnungssysteme gehen. Es soll vielmehr genügen, an einem Beispiel Berechnung und Entwicklung der Bewertungszahl zu demonstrieren. Dazu wird auf die Tabelle 9 verwiesen. Es handelt sich um einen Bausparvertrag über 30 000 DM nach Tarif 7 der Bausparkasse GdF Wüstenrot, dem aus Vereinfachungsgründen, da es nur um die Erklärung des Prinzips geht, pro Jahr höchstens einmal Sparbeiträge zugeführt werden.

Der Tabelle 9 ist zu entnehmen, daß bei anfänglich niedrigem Bausparguthaben die Bewertungszahl zunächst nur recht schwach ansteigt. Sie nimmt aber auch dann noch weiter zu, wenn – wie im Jahre 06 – vorübergehend keine Sparzahlungen geleistet werden; hier macht sich der Einfluß des Zeitfaktors bemerkbar. Den Geldfaktor erkennt man an der Erhöhung des Zuwachses der Bewertungszahl an den Stichtagen nach einem stärkeren Spargeldeingang, besonders im Jahre 05.

3. Mindestbewertungszahl

Eine vergleichsweise neue Figur im Bausparwesen ist die – regelmäßig im § 11 der ABB genannte – Mindestbewertungszahl, vor deren Erreichen ein Bausparvertrag nicht zugeteilt werden kann. Damit sind die immer schon geforderten Zuteilungsvoraussetzungen nach Zeit (Mindestsparzeit) und Geld (Mindestsparguthaben) auch auf die Zeit-mal-Geld-Größe Bewertungszahl ausgedehnt worden. Nur dadurch kann – aus der Sicht der Bauspargemeinschaft – erreicht werden, daß tatsächlich jeder Bausparer einen bestimmten Mindestsparverdienst erbringt, bevor er die Gegenleistung des Bausparkollektivs beanspruchen kann. Außerdem wird durch die Mindestbewertungszahl die Forderung des Gesetzgebers erfüllt, daß jeder Bauspartarif ein angemessenes individuelles Sparer-Kassen-Leistungsverhältnis aufweisen muß. Die rein zeit- und geldbezogenen Mindestbedingungen, wie sie allein in älteren Bauspartarifen verankert waren, reichen nicht dazu aus. Warum nicht? Nun, um dies einzusehen, braucht man sich nur einen Vertragsablauf vorzustellen, in dem der Bausparer während der üblichen Mindestsparzeit keine nennenswerten Sparbeiträge zahlt, jedoch zum Bewertungsstichtag am Ende der Mindestsparzeit das Mindestsparguthaben einlegt. Er könnte dann mit dem daraus resultierenden minimalen Sparverdienst zugeteilt werden, wenn die Zielbewertungszahlen so niedrig sind. Die letztere Bedingung, d. h. die Zuteilung aller Anwärter, ist zwar nur im Ausnahmefall erfüllt, kann jedoch angenähert oder gar vollständig eintreten, und zwar im sogenannten Anlaufstadium eines Bausparbestandes oder beim Zusammenwirken sehr günstiger Momente, wenn, kurz gesagt, zeitweise mehr Zuteilungsmittel zur Verfügung stehen, als zunächst benötigt werden. Solche Verhältnisse verflüchtigen sich jedoch sehr schnell. Deshalb wäre es mißlich, wenn zufällig einige Bausparverträge von dem möglichen Niveau kurzfristig niedrigerer Zielbewertungszahlen profitieren würden mit der Folge, daß nachfolgenden Verträgen eine längere Wartezeit auferlegt werden müßte. Schon zur Vermeidung unberechtigter Erwartungen, die sich an solchen Ausnahmesituationen orientieren könnten, ist es vielmehr gerechter, wenn allen Bausparern ein Mindestsparverdienst abverlangt wird.

Wem diese notwendigerweise allgemeingehaltenen Darlegungen zu abstrakt sind, der möge die Mindestbewertungszahl wieder in seine Zeit- und Geldkomponenten zurückübersetzen. Das geschieht am zweckmäßigsten dadurch, daß man die Sparzeit berechnet, die ein Bausparvertrag mit dem Mindestguthaben durchlaufen muß, bis er die Mindestbewertungszahl erreicht. Man könnte diese Laufzeit als die Mindestsparzeit des Schnellsparers bezeichnen.

Dazu ein Beispiel anhand des Optionstarifs der Bausparkasse GdF Wüstenrot, der die Mindestbewertungszahl 240 aufweist. An den Bewertungsstichtagen 31. März, 30. Juni, 30. September und 31. Dezember wächst der Sparverdienst des 50%-Schnellsparers, die späteren Erhöhungen aus dem Zinszuwachs des Bausparguthabens einmal beiseite gelassen, um je 20 Punkte. Benötigt werden also 12 Stichtage oder 33 Monate, bis 240 erreicht sind. Das gilt aber nur für die Normalvariante mit dem 6‰-Tilgungsbeitrag. Optiert der Bausparer für die Bewertungsfaktoren 48 oder 56 — er muß dann später 7‰ oder 8‰

der Bausparsumme als monatlichen Tilgungsbeitrag entrichten – , so beträgt der Zuwachs pro Bewertungsstichtag 24 oder 28, so daß die Mindestbewertungszahl schon nach 10 oder 9 Stichtagen, mithin nach 27 oder 24 Monaten überschritten wird. Wählt der Bausparer umgekehrt die Bewertungsfaktoren 32 oder 24, die ihm eine Tilgungsstreckung durch die auf 5‰ oder 4‰ abgesenkten Tilgungsbeiträge verschaffen, so wächst die Bewertungszahl pro Stichtag nur um 16 oder 12 an; folglich müssen bis zur Mindestbewertungszahl wenigstens 15 oder 20 Stichtage, d. h. 42 oder 57 Monate durchlaufen werden. (Da zwischen dem – letzten – Bewertungsstichtag und dem Beginn der zugehörigen Zuteilungsperiode ein Vierteljahr liegt, kommen als kürzestmögliche Wartezeiten des 50%-Schnellsparers jeweils noch 3 Monate hinzu.)

Hieraus wird nicht nur deutlich, daß die Mindestbewertungszahl eine bestimmte Mindestliegedauer des Mindestguthabens (oder eines niedrigeren Bausparguthabens über entsprechend längere Zeit) erzwingt, sondern auch, daß sich diese Mindestliegedauer entsprechend den bauspartechnischen Spielregeln danach richtet, wie lange das Bauspardarlehen einmal ausstehen wird: Wer schnell tilgt, braucht nur kurze Zeit zu sparen; wer längere Zeit tilgen möchte, muß länger sparen. Man kann diese Grundregel des Bausparens auch so ausdrücken: Wer rasch zugeteilt werden will, muß das Bauspardarlehen schneller zurückzahlen; wer sich hingegen mit der Ansparung Zeit lassen kann, darf das Darlehen auch mit niedrigeren Raten tilgen.

Beim Optionstarif LW der Leonberger Bausparkasse – und nur dort – muß als zusätzliche Zuteilungsvoraussetzung die Bewertungszahl des Bausparvertrages die sogenannte erforderliche Bewertungszahl erreicht haben, die als Basiszahl 80 definiert ist und um den prozentualen Anspargrad (oberhalb des 50%igen Mindestsparguthabens) vermindert wird. Die Basiszahl kann allerdings mit Zustimmung der Aufsichtsbehörde – auch mit Wirkung für bestehende Verträge – geändert werden.

An der erforderlichen Bewertungszahl des Tarifs LW orientieren sich mehrere Wahlmöglichkeiten, die der Bausparer schriftlich beantragen, deren Ausübung die Bausparkasse aber von bestimmten Voraussetzungen abhängig machen kann. Wird die erforderliche Bewertungszahl um 20%, 40% oder

50% herabgesetzt, die Sparzeit also verkürzt, so erhöht sich der Nominalzinssatz für das Bauspardarlehen von 4,5% auf 5,0%, 5,5% oder 5,75%. Wenn sich umgekehrt die erforderliche Bewertungszahl um 20%, 40%, 60%, 80%, 100% oder 120% erhöht, d. h. sich die Sparzeit verlängert, kann der Bausparer eine Senkung des nominellen Darlehenszinssatzes von 4,5% auf 4,0%, 3,5%, 3,0%, 2,5%, 2,0% oder 1,5% erlangen. Ferner kann er auf die Zinsgutschriften verzichten und dadurch die erforderliche Bewertungszahl halbieren. Eine zusätzliche Option nach dem zweiten Satz dieses Absatzes ist dann allerdings ausgeschlossen. Schließlich ist gegen eine Erhöhung der erforderlichen Bewertungszahl eine Ausweitung des Darlehensanspruchs über die Bausparsumme hinaus möglich. Dabei ist der erforderlichen Bewertungszahl 0,8 hinzuzurechnen für jeden Prozentsatz, um den die Zuteilungssumme (Bausparguthaben plus erhöhtes Bauspardarlehen, das jedoch nicht mehr als das 1,5-fache des Guthabens betragen darf) die eigentliche Bausparsumme übersteigt.

Der Tarif LW vereinigt in sich durch die zugelassenen Kombinationen der Wahlrechte eine sonst nirgends anzutreffende Fülle von Varianten. Wegen der zwangsläufig damit verbundenen Komplikationen sind solche Gestaltungsweisen (bis auf den Einbehalt der Guthabenzinsen zugunsten der Bausparkasse zwecks Ermäßigung des Darlehenszinssatzes) bisher von keiner anderen Bausparkasse eingeführt worden.

III. Zuteilungsverfahren

Die deutschen Bausparkassen praktizieren drei verschiedene Zuteilungsverfahren (vgl. auch die Spalte 5 der Tabelle 1):
1. das automatische Zuteilungsverfahren, so die GdF Wüstenrot, die BHW Bausparkasse, die Leonberger, die Bausparkassen Mainz und Badenia sowie einige kleinere private und zwei öffentlich-rechtliche Bausparkassen,
2. das Antragsverfahren, das neun der öffentlich-rechtlichen Bausparkassen und eine private anwenden,
3. das Befragungsverfahren, das unter anderem die Bausparkasse Schwäbisch Hall und die Heimstatt Bausparkasse so-

wie weitere private und zwei öffentlich-rechtliche Bausparkassen kennen.

Beim automatischen Zuteilungsverfahren erhält der Bausparer von der Bausparkasse eine schriftliche Zuteilungsnachricht zusammen mit der Aufforderung, binnen 4 Wochen zu erklären, ob er die Zuteilung annimmt oder nicht. Die Zuteilung hat den Charakter eines Zuteilungsangebots.

Beim Antragsverfahren muß der Bausparer von sich aus die Initiative ergreifen und einen Antrag auf Zuteilung stellen. Tut er dies nicht, so wird sein Vertrag nicht in die Zuteilungslisten aufgenommen.

Beim Befragungsverfahren fordert die Bausparkasse diejenigen Bausparer, deren Verträge die Voraussetzung für eine Zuteilung erfüllen, auf, sich dahingehend zu äußern, ob sie die mögliche Zuteilung annehmen werden oder nicht. Demnach werden sowohl beim Antrags- als auch beim Befragungsverfahren nur diejenigen Verträge in die Zuteilungsverhandlung aufgenommen, deren Zuteilungsannahme zu erwarten ist.

IV. Zuteilungsannahme, Vertragsfortsetzung und Wiedergeltendmachung

Nimmt der Bausparer beim automatischen Zuteilungsverfahren die Zuteilung an oder wird – beim Antrags- und beim Befragungsverfahren – der Bausparvertrag zugeteilt, so stellt ihm die Bausparkasse sein Bausparguthaben und das Bauspardarlehen zur Auszahlung bereit. Dem unmittelbar darauf folgenden Abruf des Bausparguthabens steht im allgemeinen nichts entgegen. Die Bausparkasse müßte allenfalls die dem Bausparkonto gutgeschriebenen Wohnungsbauprämien und einen den Arbeitnehmer-Sparzulagen für vermögenswirksame Leistungen entsprechenden Betrag zurückhalten, wenn Unklarheiten darüber bestünden, ob innerhalb der prämien- oder steuerrechtlichen Bindungsfrist das Bausparguthaben zu einem der zugelassenen wohnungswirtschaftlichen Verwendungszwecke eingesetzt wird. Ist diese Verwendung jedoch geklärt oder die Bindungsfrist bereits abgelaufen, so ist die Auszahlung des Bausparguthabens alsbald nach der Zuteilungsannahme empfehlenswert, weil meistens die Verzinsung mit der Bereitstellung der Bausparsumme nach Zuteilung endet. Selbst wenn der Bausparer das Guthaben noch nicht wie geplant sofort in voller Höhe benötigt, kann er es kurzfristig einer zinstragenden Zwischenanlage zuführen.

Die Zuteilungsannahme hat auch insoweit Folgen, als damit die Frist zu laufen beginnt, während der die Bausparkasse die Bausparsumme bereithält. Für die Gewährung des Bauspardarlehens sind nämlich innerhalb von etwa 10 Monaten Unterlagen und Sicherheiten beizubringen. Läuft auch eine dem Bausparer gestellte Nachfrist von 2 Monaten fruchtlos ab, so gilt die Zuteilungsannahme als widerrufen, jedoch nur, wenn die Auszahlung der Bausparsumme noch nicht begonnen hat. Im anderen Falle, wenn also das Bausparguthaben schon ganz oder zum Teil abgerufen ist, kann die Bausparkasse die Darlehensgewährung ablehnen. Führt der Bausparer den Nachweis, daß er die Verzögerung nicht zu vertreten hat, so ist die Bausparkasse berechtigt, den Darlehensanspruch um einen bestimmten Promillesatz der Bausparsumme für jeden Monat nach Ablauf der zweimonatigen Nachfrist zu kürzen (vgl. Spalte 10 der Tabelle 8).

Schließlich ist darauf hinzuweisen, daß die meisten Bausparkassen Bereitstellungszinsen von 2% bis 4% jährlich vom bereitgehaltenen, aber noch nicht ausgezahlten Bauspardarlehen ab einem bestimmten Zeitpunkt verlangen können oder tatsächlich erheben (vgl. die Spalten 8 und 9 der Tabelle 8). Dies entspricht durchaus den Usancen in der Kreditwirtschaft, könnte aber bei planmäßiger Disposition durch den Bausparer meist vermieden werden.

Bei allen Zuteilungsverfahren kann der Bausparer die Zuteilungsannahme widerrufen, solange die Auszahlung der Bausparsumme noch nicht begonnen hat. Man spricht dann von einer Vertragsfortsetzung, die auch eintritt, wenn der Bausparer beim automatischen Zuteilungsverfahren die Zuteilung nicht annimmt oder überhaupt keine Antwort auf das Zuteilungsangebot gibt. Ein fortgesetzter Bausparvertrag nimmt eine Art Zwitterstellung ein. Auf der einen Seite genießt er alle Rechte der Ansparzeit. Der Bausparer kann die Sparbeiträge weiterentrichten und dafür uneingeschränkt die staatlichen Sparhilfen beantragen. Andererseits kann er die Rechte aus der früheren Zuteilung jederzeit wieder geltend machen. In diesem Falle wird ihm die Bausparsumme vorweg wieder bereitgestellt, und zwar entweder bei der Zuteilung, die dem Ablauf von 3 Monaten nach Eingang seiner Erklärung folgt, oder zugunsten des Bausparers − wie bei der GdF Wüstenrot − sofort.

Bausparer, die beim Antrags- oder beim Befragungsverfahren den Antrag auf Zuteilung nicht stellen, sind in etwa den Vertragsfortsetzern vergleichbar. Für eine Zuteilungsannahme ist hier, ähnlich der Wiedergeltendmachung, eine Nachricht des Bausparers an die Bausparkasse erforderlich. Dadurch wird sein Bausparvertrag in die Zuteilungsliste eingereiht, in der er jedoch aufgrund des weiteren Zuwachses der Bewertungszahl seit dem Zeitpunkt, zu dem er schon früher hätte zugeteilt werden können, eine so günstige Plazierung einnimmt, daß sehr bald mit einer Zuteilung zu rechnen ist.

Die Zuteilungsannahme ist im Falle der Vor- oder Zwischenfinanzierung des Bausparvertrages determiniert. Das gilt sowohl für Voraus- und Zwischendarlehen der Bausparkassen selbst als auch für solche von Banken und Sparkassen; denn durch die zugeteilte Bausparsumme soll der − zwar nicht laufend zu tilgende, aber generell höher als das Bauspardarlehen zu verzinsende − Vor- oder Zwischenfinanzierungskredit so früh wie möglich abgelöst werden (vgl. auch G II 4).

V. Wartezeitfragen

Im Anschluß an die Beschreibung von Voraussetzungen, Verfahren und Wirkungen der Zuteilung soll noch einmal gedrängt auf das Wartezeitproblem des kollektiven Bausparens eingegangen werden. Derartige Fragen werden mitunter bei der Beratung über den Abschluß von Bausparverträgen oder über die Bausparfinanzierung durch Bausparer gestellt.

1. Mittlere und durchschnittliche Wartezeit

Zunächst ist zu klären, wie der Wartezeitbegriff überhaupt zu verstehen, was insbesondere mit den Bezeichnungen mittlere und durchschnittliche Wartezeit gemeint ist. Die Wartezeit ist diejenige Zeitspanne, die der Bausparvertrag vom Abschlußdatum bis zum Zuteilungstermin zu durchlaufen hat. Sie umfaßt nicht nur die tarifliche Mindestsparzeit, sondern währt meist wesentlich länger; sie hängt vor allem von den individuellen Sparleistungen des Bausparers und dem allgemeinen Niveau der Wartezeit, exakter gesagt, von den Zielbewertungszahlen bei der Bausparkasse ab.

Die mittlere Wartezeit eines Bauspartarifs wird nach finanzmathematischen Methoden errechnet. Sie ergibt sich für den statischen Beharrungszustand, der sich bei gleichbleibenden Neuzugängen und unter der Voraussetzung herausbildet, daß alle Bausparer die tariflichen Spar- und Tilgungsbeiträge entrichten und die Zuteilung der Bausparsumme zum frühestmöglichen Zeitpunkt annehmen. Für die klassischen Bauspartarife beträgt die mittlere Wartezeit ungefähr 9 Jahre; sie liegt für die Schnelltarife darunter, für die Langzeittarife bzw. -varianten darüber. Allerdings, die Voraussetzungen für die Gültigkeit der bausparmathematischen Formeln sind in der Praxis niemals, jedenfalls nicht auf Dauer verwirklicht. Gleichwohl sind Beharrungszustand und mittlere Wartezeit vorzügliche Denkmodelle, die einen hohen Erkenntniswert besitzen und objektive Einblicke in die Struktur des einzelnen Bauspartarifs und seine Wartezeitverhältnisse erlauben.

In Wahrheit wirkt eine Fülle von Umständen auf die tatsächlichen Wartezeiten ein. Sie haben glücklicherweise meist einen wartezeitverkürzenden Effekt, so daß sich bei keiner Bausparkasse bisher die mittlere Wartezeit ergeben hat. Man kann die im Bauspargeschäft gegenwärtig geltende durchschnittliche Wartezeit auf ungefähr 7 Jahre beziffern. Die durchschnittliche Wartezeit ist freilich ein schillernder Begriff. Im Einzelfall gibt es hiervon beträchtliche Abweichungen nach unten und oben. Der Schnellsparer beispielsweise, der 40% oder 50% der Bausparsumme unmittelbar nach Vertragsabschluß einzahlt, benötigt bis zur Zuteilung je nach Tarif und Anspargrad etwa 2 bis 5 Jahre. Der Regelsparer hingegen, der nur tarifliche Mindestsparbeiträge von größenordnungsmäßig 5% der Bausparsumme jährlich entrichtet, muß allein 7 bis 7,5 Jahre sparen, um das 40%ige Mindestspargutachten zu erreichen; er dürfte allerdings kurz darauf zugeteilt werden.

2. Wartezeitbestimmende Faktoren

Man unterscheidet folgende wartezeitbestimmenden Faktoren:

1. Wartezeitbestimmender Faktor erster Art:
   Ein steigendes statt eines gleichbleibenden Neugeschäfts verkürzt die Wartezeiten.
   Diese Voraussetzung war für die deutschen Bausparkassen nach der Währungsreform 1948 in den allermeisten Jahren erfüllt. Es hat jedoch auch Geschäftsjahre gegeben, in denen der Neuzugang geschrumpft ist, wie z. B. 1967 sowie 1981 und 1982. In der Tat gibt es keine Garantie für ein dauernd steigendes Neugeschäft. Doch kann man wohl erwarten, daß sich das Bausparen im Rahmen der allgemeinen volkswirtschaftlichen Entwicklung halten und folglich auch langfristig Zuwachsraten, wenn sicherlich auch nicht mehr so außergewöhnlich hohe wie in den früheren Jahren, erzielen wird.

2. Wartezeitbestimmender Faktor zweiter Art:
   Höhere als tarifliche Spar- und Tilgungsintensitäten verbessern die Zuteilungssituation.
   Die Bausparer zahlen mehr an Spar- und Tilgungsbeiträgen, als es in den Bausparbedingungen festgelegt ist. Dadurch beschleunigt sich der Geldumschlag und verbessern sich die Zuteilungsaussichten.

3. Wartezeitbestimmender Faktor dritter Art:
   Ein verzögerter oder unterbleibender Abruf der Bausparsummen bzw. Bauspardarlehen senkt ebenfalls die Wartezeiten.
   Hier wirken ein
   a) die Kündigungen nicht zugeteilter Bausparguthaben, die aus nachträglicher Sicht den Charakter von Fremd- oder Freundgeld erhalten;
   b) die Trägheit; unter Trägheitsreserve versteht man die zugeteilten, aber noch nicht abgerufenen Bausparsummen; das sind überwiegend (Teile der) Bauspardarlehen, die – bei Neubauten – nur nach dem Baufortschritt beansprucht werden können, in geringerem Umfang aber auch (restliche) Bausparguthaben; die Bausparkasse

kann die Trägheitsreserve teilweise in den Plafond für Zwischendarlehen einbeziehen;

c) die Vertragsfortsetzungen; die insoweit nicht beanspruchten Zuteilungsmittel kommen, soweit nicht innerhalb der Zuteilungsmasse eine Reserve hierfür gestellt wird, den übrigen Bausparern zugute;

d) die Darlehensverzichte, die von nachhaltigster Wirkung sind, weil bei ihnen nach relativ langer Bindung des Sparguthabens der Darlehensraum endgültig frei wird.

Man muß sich aber darüber im klaren sein, daß die Abschwächung oder der Wegfall von wartezeitverkürzenden Faktoren wartezeitverlängernd wirkt. Überhaupt bleiben die bauspartechnischen Kennzahlen nicht über einen längeren Zeitraum völlig konstant. Es hat sich deshalb bisher auch noch niemals ein statischer Beharrungszustand (bei gleichbleibendem Neuzugang) oder dynamischer Beharrungszustand (bei fortwährend geometrisch ansteigendem Neugeschäft) in völliger Übereinstimmung mit dem mathematischen Bausparmodell herausgestellt. Die Wartezeiten unterliegen daher gewissen Schwankungen.

Die Bausparkasse darf sich zudem vor Zuteilung nicht verpflichten, die Bausparsumme zu einem bestimmten Zeitpunkt auszuzahlen. Das Verbot der Zusage eines bestimmten Zuteilungszeitpunkts entspricht § 4 Abs. 5 des Bausparkassengesetzes. Der Verfasser verweist im übrigen für eine eingehendere Beschäftigung mit dem Wartezeitproblem des kollektiven Bausparens und mit der Bauspartechnik auf seine Monographie »Das kollektive Bausparen. Neuere Untersuchungen und zusammenfassende Darstellung zur Technik und Mathematik des deutschen Bausparens«, Verlagsgesellschaft Recht und Wirtschaft mbH, Heidelberg, 1973, 352 Seiten und auf seine im selben Verlag 1985 erschienene Habilitationsschrift »Fortgeschrittene Bauspartechnik«, 232 Seiten.

3. Groß- und Schnellfinanzierungen

Zum Schluß noch einige Anmerkungen zu der dem Außenstehenden oft unverständlichen Zurückhaltung der Bausparkassen gegenüber Groß- und Schnellfinanzierungen. Die Bausparkassen-Verordnung versteht unter Großbausparverträgen Verträge (zusammengerechnet solche, die vom selben Bausparer innerhalb von 12 Monaten abgeschlossen wurden) mit einer Bausparsumme von mehr als 300 000 DM, unter Schnellfinanzierungen diejenigen Bausparverträge, bei denen das bedingungsmäßige Mindestsparguthaben in den ersten 12 Monaten seit Vertragsbeginn erreicht oder überschritten wird. Großbauspar- und Schnellfinanzierungsverträge, bei denen − meist zusammen mit einer sehr frühzeitigen Zwischenfinanzierung − wenigstens das tarifliche Mindestsparguthaben oft schon bei Vertragsabschluß eingezahlt wird, weisen zwar eine sehr hohe Sparintensität auf. Darin erschöpfen sich aber auch die wartezeitverkürzenden Faktoren solcher Verträge. Ein einigermaßen gleichbleibendes Neugeschäft mit Großbausparern bzw. Schnellfinanzierern ist nicht zu erwarten. Vielmehr ist der Neuzugang dieser Kategorie weit stärker von den Schwankungen der Konjunktur und vom Auf und Ab der Konditionen am Kapital- und Baufinanzierungsmarkt abhängig. Infolgedessen treten in Zeiten hoher Nachfrage starke Schübe auf, die sich störend auf einen ausgeglichenen Geschäftsablauf, vor allem hinsichtlich des Geldeingangs und der Beanspruchung der Zuteilungsmasse, auswirken.

Erfahrungsgemäß kann man bei Großbausparverträgen und weitgehend bei Schnellfinanzierungen auch nicht mit Sondertilgungen rechnen, wie auch die wartezeitbestimmenden Faktoren dritter Art − von den Kündigungen bis zu den Darlehensverzichten − ausbleiben. Unter bauspartechnischem Blickwinkel ist nicht einmal die hohe Sparintensität vorteilhaft zu bewerten, wie man an einem Bestand, der nur aus Schnellsparern zusammengesetzt ist, sehr leicht erkennt. Bei ihm verändert sich der Spargeldzufluß proportional zum Neugeschäft, würde also im Extrem völlig versiegen, wenn kein Neugeschäft mehr hereinkommt. Ganz anders verhält es sich bei den Regelsparern. Aus den Regelsparverträgen, bei denen selbstverständlich nicht exakt der tarifliche Sparbeitrag im monatlichen Rhythmus entrichtet werden muß, ist nämlich mehr oder weniger kontinuierlich auf längere Zeit mit Ratensparleistungen zu rechnen. Hier fließen, selbst bei vollständigem Ausfall eines Jahresneuzugangs, die Sparleistungen aus den früheren Jahrgängen weiter. Die Regelsparer üben einen ausgleichenden Einfluß auf die Zuteilungsmasse aus, sowohl was den Zufluß von Spargeldern als auch was die Verteilung der Zuteilungsansprüche auf einen größeren Zeitraum angeht.

Eine Bausparkasse, die eine weitblickende Geschäftspolitik betreibt, muß daher immer auf ein ausreichendes Neugeschäft mit Interessenten achten, bei denen zunächst der Sparprozeß im Vordergrund steht. Will sie auf die Dauer günstige Wartezeiten bieten, so darf sie das Übergewicht ihrer Akquisition nicht auf die Finanzierungsseite verlagern. Kurzfristig könnten dadurch wohl höhere, aber nur scheinbare Erfolge erzielt werden, die dann allerdings einer Art »Schneeballsystem« nahe kämen, das auf dauernd extraordinär hohe Zuwachsraten angewiesen wäre. Auf lange Sicht sind deshalb reine Finanzierungsgeschäfte im Bausparen niemals durchzuhalten. Zu Recht hat daher die Bausparkassen-Verordnung, die auf der Grundlage des Bausparkassengesetzes ergangen ist, die Groß- und Schnellfinanzierungen nach Bestand und Zugang kontingentiert. Die Bausparkassen nutzen die Kontingente generell sogar nur zum Teil aus.

E. Darlehensgewährung

I. Finanzierungsplan

Zum A und O der Baufinanzierungsberatung gehört, daß der Bausparer, wenn die Verwirklichung des Bausparzieles näher rückt, einen Finanzierungsplan aufstellen muß. Auf der einen Seite stehen darin die Gesamtgestehungskosten. Das ist der Kaufpreis eines bestehenden oder von einem Bauträger gebauten Hauses bzw. einer Eigentumswohnung oder sind die Kosten des Grundstücks, die Bau- und die Nebenkosten bei einem vom Bausparer selbst gebauten Eigenheim. Auf der anderen Seite sind die Finanzierungsmittel aufzuführen, durch welche die Gesamtgestehungskosten gedeckt werden sollen. Entsprechendes gilt für die (voraussichtlichen) Aufwendungen im Falle einer anderen wohnungswirtschaftlichen Maßnahme wie Grundstückskauf, An- und Umbau, Modernisierungs- und Energiesparmaßnahmen.

In der Praxis dürfte kaum ein Finanzierungsplan dem anderen gleichen. Es unterscheiden sich nicht nur die Gesamtkosten des Objekts je nach Lage, Größe und Ausstattung, sondern auch die Finanzierungsmittel, ihre Zusammensetzung und ihre Konditionen. Deshalb kann es nicht darum gehen, allgemeingültige Muster von Finanzierungsplänen aufzustellen, sondern nur darum, Beispiele zu nennen, die verdeutlichen sollen, wie das Bausparen in den Finanzierungsplan eingebettet ist. Dabei wird sich zeigen, daß der Bausparvertrag die Kernfinanzierung einer wohnungswirtschaftlichen Maßnahme bildet; denn einerseits erfordert er systematisch die Ansparung eines Bausparguthabens und damit des für jedes Bau- und Kaufvorhaben unabdingbaren Eigenkapitals, andererseits sichert der Bausparvertrag den Anspruch auf das Bauspardarlehen, das nicht nur nachrangig sichergestellt werden kann, sondern auch einen garantierten niedrigen Zinssatz aufweist.

In der Tabelle 10 finden sich Beispiele von Finanzierungsplänen für Gesamtgestehungskosten eines Eigenheims oder einer Eigentumswohnung von 500 000 DM. Im Falle abweichender Gesamtkosten ist bei den Absolutbeträgen ohne weiteres eine proportionale Umrechnung möglich, z. B. Ermäßigung um 20% bei Gesamtgestehungskosten von 400 000 DM. In den Finanzierungsplänen sind für verschiedene Fälle mit abweichender Zusammensetzung der Finanzierungsmittel zusätzlich die Kapitaldienste für die Fremdmittel — Jahresraten für Verzinsung und Tilgung der Baudarlehen (Annuitäten) — mitaufgeführt.

Die I. Hypothek ist in den Fällen 1 bis 7 mit 200 000 DM, in den Fällen 8 bis 10 mit 250 000 DM, das sind 40% bzw. 50% der Gesamtgestehungskosten, angesetzt. In dieser Höhe dürfte unter normalen Umständen ohne weiteres ein solches erststellig abzusicherndes Baudarlehen von einer Hypothekenbank, Sparkasse, Geschäftsbank oder Lebensversicherungsgesellschaft zu erlangen sein.

An zweiter Rangstelle steht das Bauspardarlehen, das in allen Fällen genau 60% der jeweiligen Bausparsumme beträgt. Unberücksichtigt bleiben konnte hier, da es nur um die schematische Darstellung von Beispielen geht, daß im Falle eines 50%igen Mindestsparguthabens andere Zahlenwerte gelten und daß bis zur Zuteilung allgemein noch Guthabenzinsen zum Bausparguthaben hinzutreten, die das anfängliche Nettobauspardarlehen vermindern. Andererseits ist auch — beim Kapitaldienst — vernachlässigt, daß sich das Nettoanfangs-Bauspardarlehen um die Darlehensgebühr auf ein Bruttoanfangsdarlehen erhöht.

Die Summe aus erst- und zweitstelliger Beleihung muß innerhalb der von der Bausparkasse festgelegten Beleihungsgrenze liegen, damit die Bausparkasse ohne Zusatzsicherheiten das Objekt beleihen kann (vgl. Zeile 3 der Tabelle 10). In den Fällen 3 bis 5 und 10 sind auch noch drittrangige Darlehen in den Finanzierungsplan eingesetzt, die folglich nach dem Bauspardarlehen rangieren und die Beleihung erhöhen würden. Der Einfachheit halber ist die dafür zu zahlende Annuität ohne Aufteilung in Zins und Tilgung mit 10% des Anfangsdarlehens angesetzt. Hier wie auch bei den I. Hypotheken lassen sich hinsichtlich der aufzubringenden Annuitäten erhebliche Verbesserungen denken, wenn der Bausparer Wohnungsbaudarlehen aus öffentlichen Mitteln, vom Arbeitgeber oder aus bestimmten Sonderkontingenten erhält.

Was den Kapitaldienst für die aufgenommenen Fremdmittel angeht, so ist darauf hinzuweisen, daß die Konditionen für I. Hypotheken mit dem Auf und Ab des Zinsniveaus am Kapitalmarkt schwanken. Das gilt insbesondere für den durchweg unter 100% liegenden Auszahlungskurs, durch den sich der Nominalzinssatz der I. Hypotheken auf einen Effektivzinssatz erhöht. Auch ist zu beachten, daß durch dieses Abgeld (Disagio) eine Finanzierungslücke entstehen kann, wenn der Auszahlungskurs nicht im Wege der Tilgungsstreckung durch ein Zusatzdarlehen aufgebessert wird oder wenn der Bauherr nicht das Nominaldarlehen entsprechend erhöht, beispielsweise im Verhältnis 1 : 0,95, d. h. um 5,3% im Falle eines 5%igen Disagios.

Darüber hinaus sei darauf aufmerksam gemacht, daß Ersthypothekare heute im allgemeinen nicht mehr in der Lage sind, I. Hypotheken mit Festzinssätzen für die gesamte Laufzeit des Darlehens, die von dem Zins- und dem Anfangstilgungssatz abhängt, auszustatten. Sie garantieren meistens den anfänglichen Zinssatz nur noch für die ersten 4 bis 10 Jahre und behalten sich eine Anpassung der Zinshöhe, eventuell mit der Belastung eines neuerlichen Disagios, für die weiteren Abschnitte der Gesamtlaufzeit vor (Abschnittsfinanzierung). Auch in diesem Punkte leuchtet der Vorteil des Bausparvertrages auf, der tariflich fixierte Zinssätze für das Bauspardarlehen während seiner gesamten Tilgungszeit vorsieht.

Betrachtet man das Verhältnis des Kapitaldienstes zu den Gesamtkosten (Zeile 20 der Tabelle 10), so wird eine Art Schereneffekt deutlich. Je höher das eingesetzte Eigenkapital ist, um so niedriger fallen die aufzunehmenden Fremdmittel aus und um so niedriger ist der dafür aufzubringende Kapitaldienst. Beispielsweise macht die Annuität von den Gesamtgestehungskosten im Fall 1 mit der niedrigsten Beleihung nur 6,5%, im Fall 5 mit Fremdmitteln von 90% jedoch 9,2% aus. Wenn die Eigenkapitaldecke kurz und folglich die Beleihung hoch ist, wachsen zwangsläufig die Zins- und Tilgungsverpflichtungen absolut und relativ an. Der Bausparer, der zu einem höheren Fremdkapitaleinsatz gezwungen ist, sollte deshalb besonders sorgfältig prüfen, ob er die Zins- und Tilgungsraten in der Anfangszeit der Entschuldung und später aufbringen kann. Diese sind im übrigen in der Tabelle 10 nur für die ersten Jahre der Laufzeit aller Baudarlehen genannt; sobald das Bauspar- oder das drittrangige Darlehen getilgt ist, ermäßigt sich die Zahlungsverpflichtung entsprechend. Bei der Kalkulation sollte nicht übersehen werden, daß die bisher gezahlten Mieten wegfallen und daß im Falle der Selbstnutzung des erworbenen Haus- oder Wohnungseigentums über die Absetzungen nach § 10 e des Einkommensteuergesetzes eine Steuerermäßigung eintritt, die das Nettoeinkommen verbessert. Die Zahllast wird bei bestimmten Verbundfinanzierungen (z. B. von Wüstenrot) anfänglich auch dadurch erleichtert, daß die Tilgung der I. Hypothek während der Rückzahlung des Bauspardarlehens ausgesetzt ist.

II. Darlehensverwendung

Im § 1 Abs. 2 der Bausparbedingungen aller Bausparkassen heißt es wörtlich:

»Das Bauspardarlehen kann für folgende wohnungswirtschaftliche Maßnahmen verwendet werden:

1. die Errichtung, Beschaffung, Erhaltung und Verbesserung von überwiegend zu Wohnzwecken bestimmten Gebäuden und von Wohnungen, insbesondere von Eigenheimen und Eigentumswohnungen, sowie der Erwerb von Rechten zur dauernden Nutzung von Wohnraum,
2. die Errichtung, Beschaffung, Erhaltung und Verbesserung von anderen Gebäuden, soweit sie Wohnzwecken dienen,
3. den Erwerb von Bauland und Erbbaurechten zur Errichtung von überwiegend zu Wohnzwecken bestimmten Gebäuden,
4. den Erwerb von Bauland und Erbbaurechten zur Errichtung anderer Gebäude hinsichtlich des Anteils, der dem Verhältnis des zu Wohnzwecken bestimmten Teils des auf dem Grundstück zu errichtenden Gebäudes zum Gesamtgebäude entspricht,
5. Maßnahmen zur Erschließung und zur Förderung von Wohngebieten,
6. die Ablösung von Verbindlichkeiten, die zur Durchführung von Maßnahmen nach Nummern 1 bis 5 eingegangen worden sind,

7. die Ablösung von Verbindlichkeiten, die auf einem überwiegend Wohnzwecken dienenden Grundstück ruhen,
8. die Ablösung von Verbindlichkeiten, die zur Leistung von Bauspareinlagen eingegangen worden sind.«

Nach § 1 Abs. 3 der ABB kann die Bausparkasse auch Bauspardarlehen gewähren für gewerbliche Bauvorhaben, wenn sie im Zusammenhang mit dem Bau von Wohnungen oder in Gebieten durchgeführt werden, die dem Wohnen dienen, und wenn sie dazu bestimmt sind, zur Versorgung dieser Gebiete beizutragen. Dafür gelten jedoch gewisse Restriktionen.

Dieser Katalog stimmt mit dem von § 1 Abs. 3 des Bausparkassengesetzes überein; er deckt ohne weiteres die üblichen wohnungswirtschaftlichen Maßnahmen eines Einzelbauherrn. Von sehr seltenen Ausnahmefällen abgesehen, kann man also davon ausgehen, daß vom Grundstückserwerb über den Bau oder Kauf eines Wohnhauses oder einer Eigentumswohnung, über Anbau-, Umbau-, Ausbau- und Renovierungsarbeiten bis zu Entschuldung oder Umschuldung früher zur Baufinanzierung eines Eigenheims aufgenommener Verpflichtungen alle üblicherweise auftretenden Verwendungszwecke zulässig sind.

III. Beleihungswert

Die Bausparkassen setzen für das zu beleihende Objekt einen sogenannten Beleihungswert fest. Mit der Schätzung beauftragen sie in der Regel einen Bausachverständigen. In den Beleihungswert gehen der Dauerertragswert des Pfandobjekts sowie die angemessenen Bau- und Bodenkosten ein.

Ausdrücklich ist in den Bausparbedingungen (§ 16 Abs. 2) gesagt, daß der Beleihungswert den Verkehrswert des Pfandobjekts nicht übersteigen darf. Im allgemeinen liegt der Beleihungswert unter diesem Marktwert, weil bei der Schätzung Abschläge wegen konjunkturell überhöhter Preise, unrentierlicher Kosten, besonders aufwendiger oder eigenwilliger Bauweise usw. vorgenommen werden.

Zusammen mit den vor- und gleichrangigen Belastungen muß das Bauspardarlehen bei höchstens 80% des Beleihungswertes auslaufen. Nimmt man an, daß der Beleihungswert von

Eigenheimneubauten im Schnitt bei 80% bis 85% der angemessenen Bau- und Bodenkosten liegt, so endet die Bausparfinanzierung regelmäßig bei etwa 65% bis 70% der Gesamtkosten. Eine höhere Beleihung ist möglich, wenn der Bausparer hierfür Zusatzsicherheiten stellt, z. B. die Abtretung oder die Verpfändung von Rechten und Ansprüchen aus Bankguthaben oder Wertpapierdepots oder aus kapitalbildenden Lebensversicherungsverträgen mit ausreichend hohem Rückkaufswert.

Der BHW Bausparkasse ist bei auf Lebenszeit angestellten Beamten, die einen Teil ihres Gehalts nach dem Gesetz über die Abtretung von Beamtenbezügen zum Heimstättenbau in Höhe der vereinbarten Beitragsleistung an das Beamtenheimstättenwerk abgetreten haben und für die eine Risikolebensversicherung nach den Bausparbedingungen abgeschlossen ist, eine Beleihung bis zu 100% des Verkehrswertes möglich. Das gleiche gilt unter den nämlichen Voraussetzungen für Bausparer, die in einem beamtenähnlichen unkündbaren Anstellungsverhältnis stehen (§ 16 Absätze 4 und 5 der Bausparbedingungen der BHW Bausparkasse).

IV. Sicherstellung und Auszahlung des Bauspardarlehens

Die Forderung der Bausparkasse aus dem Bauspardarlehen ist grundsätzlich durch Bestellung von Hypotheken oder Grundschulden an einem inländischen Pfandobjekt zu sichern. Diese dingliche Sicherheit wird heute fast ausschließlich durch Eintragung von sofort zahlungsfälligen und vollstreckbaren Buch- oder Briefgrundschulden in das Grundbuch bestellt.

Für den Antrag des Bausparers auf das Bauspardarlehen halten die Bausparkassen Vordrucke bereit. Zusammen mit dem ausgefüllten Darlehensantrag sind die erforderlichen Unterlagen und Nachweise einzureichen. Die Bausparkasse stellt dann durch die Beleihungsprüfung fest, ob das Objekt in dem gewünschten Umfang beleihbar und die Bonität des künftigen Schuldners einwandfrei ist. Bejahendenfalls unterbreitet sie dem Bausparer ein von ihr schon unterzeichnetes Darlehensangebot. Der Darlehensvertrag kommt rechtlich dadurch zustande, daß der Bausparer und gegebenenfalls sein Ehegatte als Gesamtschuldner das Darlehensangebot annehmen und unterschreiben. Dies begründet schuldrechtlich den Anspruch des Gläubigers (Bausparkasse) gegen den Schuldner (Bausparer).

Die Bausparkasse ist verpflichtet, nach dem Verbraucherkreditgesetz (VKG) in dem Darlehensvertrag u. a. den Darlehensbetrag, den Jahreszinssatz, den Auszahlungskurs und den Nettokreditbetrag anzugeben. Dem Darlehensvertrag sind ferner die Darlehensbedingungen beizuheften.

Vorbelastungen − im wesentlichen durch die I. Hypothek − sollen 40% des Beleihungswertes nicht übersteigen. Im einzelnen führen die Bausparbedingungen aller Kassen dazu aus (§ 15):

»(3) ... Welche Rechte dem Grundpfandrecht der Bausparkasse vorgehen dürfen, entscheidet diese im Einzelfall unter Berücksichtigung ihres Sicherungsinteresses. Die Bausparkasse braucht nur solche Grundpfandrechte im Rang vorgehen zu lassen, die Kredite sichern, welche mit einer Finanzierung des Pfandobjektes in Zusammenhang stehen und deren Konditionen und Tilgungsmodalitäten das nachrangig zu sichernde Bauspardarlehen unter Berücksichtigung des Sicherungsinteresses der Bausparkasse nicht beeinträchtigen.

(4) Handelt es sich bei vor- oder gleichrangigen Belastungen um Grundschulden, so kann die Bausparkasse verlangen, daß der Grundstückseigentümer seinen schuldrechtlichen Anspruch auf Rückgewähr gegen den Grundschuldgläubiger an sie abtritt.

(5) Leistungen von Mietern an den Grundstückseigentümer, die gegen die laufende Miete verrechnet werden können oder zu einer Minderung der Miete führen, gelten als Vorbelastungen.«

Früher verlangte die Bausparkasse noch eine sogenannte Löschungsvormerkung, die ihr als Nachranggläubiger im Laufe der Zeit einen besseren Rang für ihr Grundpfandrecht verschaffte. Seit 1978 ist der Löschungsanspruch gesetzlich geregelt. Danach kann der Gläubiger eines Grundpfandrechts vom Eigentümer des belasteten Grundstücks die Löschung eines vor- oder gleichrangigen Grundpfandrechts verlangen, wenn und soweit es sich mit dem Eigentum in einer Person vereinigt hat.

Die Bausparkasse kann nach den Gesetzesbestimmungen von einer Sicherung durch Grundpfandrechte absehen, wenn der Bausparer ausreichende anderweitige Sicherheiten, sogenannte Ersatzsicherheiten, stellt. Dazu zählen Lebensversicherungsverträge mit entsprechend hohen Rückkaufswerten, Wertpapierdepots und Bankguthaben. Grundbuch- wie Ersatzsicherheiten erübrigen sich, wenn eine inländische Körperschaft oder Anstalt des öffentlichen Rechts die Gewährleistung (Bürgschaft) übernimmt oder wenn – allerdings nur für Darlehen bis zu 20 000 DM – der Darlehensnehmer sich gegenüber der Bausparkasse verpflichtet, eine mögliche grundbuchliche Sicherung nicht durch eine Verpfändung des Objekts für eine andere Verbindlichkeit oder durch dessen Verkauf zu verhindern. Man spricht hier von einer Negativerklärung. Es ist aber zu beachten, daß auch die Kleindarlehen gegen Negativerklärungen nur so weit gewährt werden können, wie sie innerhalb von 80% des Beleihungswertes liegen. Von Zusatzsicherheiten spricht man, wenn das Bauspardarlehen zusammen mit vorrangigen Darlehen 80% des Beleihungswertes überschreitet und für den übersteigenden Teil Sicherheiten in der Art von Ersatzsicherheiten gestellt werden. Die Bausparkasse kann bei Kleindarlehen bis zu 10 000 DM ganz von einer Sicherung durch Grundpfandrechte, Ersatzsicherheiten oder Negativerklärung absehen (sogenannte Blankodarlehen).

Der Bausparer kann die Auszahlung des Bauspardarlehens erst nach gebrauchsfertiger Herstellung des Gebäudes sowie Sicherung der Zugangswege, vertragsgemäßer Sicherung, Nachweis der Gesamtfinanzierung und der Versicherung des auf dem Grundstück befindlichen Gebäudes gegen Feuergefahr verlangen. Die Bausparkasse kann das Bauspardarlehen bei Neubauten in Teilbeträgen gemäß dem Baufortschritt auszahlen; sie ist auch berechtigt, unmittelbar an Bau-, Kauf-, Hypotheken-, Zwischenkredit- und ähnliche Gläubiger des Bausparers Zahlungen zu leisten. Die Auszahlung nach dem Baufortschritt bei Neubauten erübrigt eine Zwischenfinanzierung aus dem Umstand heraus, daß das Gebäude noch nicht gebrauchsfertig ist, wie sie häufig bei anderen Baudarlehen notwendig wird.

Im Falle von Verzögerungen des Kauf- oder Bauvorhabens kann die Bausparkasse das Bauspardarlehen nicht beliebig lang bereithalten. Wenn das Bauspardarlehen innerhalb von 2 Jahren seit Zuteilungsannahme noch nicht oder nicht voll ausgezahlt ist, obwohl der Bausparer die von der Bausparkasse verlangten Unterlagen und Sicherheiten beigebracht hat, so erlischt der Darlehensanspruch nach fruchtlosem Ablauf einer Frist von 2 Monaten, die dem Bausparer unter Hinweis auf die Rechtsfolgen gesetzt werden kann. Mangelt es an den Unterlagen und Sicherheiten, so greift die schon früher beschriebene Kürzung des Darlehensanspruchs ein (vgl. D IV).

V. Unkündbarkeit des Bauspardarlehens

Ein Vorzug der Bausparfinanzierung besteht darin, daß die Bausparkasse das Bauspardarlehen nicht kündigen kann, solange der Darlehensnehmer seine Verpflichtungen erfüllt. Nur unter ganz bestimmten Voraussetzungen kann der Gläubiger das Bauspardarlehen zur sofortigen Rückzahlung kündigen. Dazu gehören vor allem

a) Nichtzahlung der fälligen Leistungen (Tilgungsbeiträge) trotz Mahnung

b) Minderung des Objektwertes

c) Veräußerung oder Nutzungsänderung des Pfandobjekts ohne schriftliche Zustimmung der Bausparkasse

d) Zahlungseinstellung oder Eröffnung des Vergleichs- oder Konkursverfahrens bzw. Zwangsvollstreckung

e) unzutreffende oder unvollständige Angaben des Bausparers für die Darlehensgewährung.

F. Darlehenstilgung

I. Darlehensgebühr, Disagio

Zum Wesen der Bausparfinanzierung gehörte es bis zum Jahre 1980, daß der Bausparer das anfängliche Nettodarlehen – das ist im allgemeinen die Differenz zwischen der Bausparsumme und dem Bausparguthaben einschließlich der kapitalisierten Guthabenzinsen bei Bereitstellung der Bausparsumme – in voller Höhe ausgezahlt erhielt. Das gilt für die klassischen und mehrere neuere Bauspartarife auch heute noch und erleichtert es, den Finanzierungsplan aufzustellen; denn einen Einbehalt in der Art eines Disagios gibt es dann nicht.

Bei den Disagiovarianten der Bauspartarife wird das Bauspardarlehen nicht voll ausgezahlt. Andererseits ist dadurch der nominelle Darlehenszinssatz durchweg um einen Prozentpunkt gesenkt (bei 5%igem Disagio). Einen vollständigen Überblick vermitteln die Spalten 5 und 8 der Tabelle 11. In jedem Fall erhöht sich das Anfangsdarlehen um eine Darlehensgebühr, die bei vielen Bauspartarifen 2%, oft aber auch 3% des Nettodarlehens oder – durch ein ebenfalls nominalzinssenkendes Agio – mehr beträgt (vgl. Spalte 7 der Tabelle 11). Die Darlehensgebühr tritt zum Bauspardarlehen hinzu und erhöht es auf ein Bruttoanfangs-Bauspardarlehen; sie ist mit dem Darlehen zu verzinsen und zu tilgen. Somit verzinst und tilgt der Bausparer im Falle der 2%igen Darlehensgebühr ein Darlehen von 102%, das er zu genau 100% erhalten hat, wenn ein Disagio nicht einbehalten wird.

Ein Auf- und ein Abgeld verteuern natürlich den Nominalzinssatz für das Bauspardarlehen. Die Verteuerungswirkung ist von der Laufzeit des Bauspardarlehens abhängig; sie muß um so größer ausfallen, je kürzer das Bauspardarlehen läuft. Darlehensgebühr und eventuelles Disagio gehen neben anderen Gebühren sowie Verzinsungs- und Tilgungsmodalitäten in den effektiven Jahreszins des Bauspardarlehens ein (dazu siehe F VI).

II. Darlehensverzinsung

Das wesentliche Merkmal des deutschen Bausparens ist die schon mehrfach erwähnte Zinsgarantie für das Bauspardarlehen. Der Darlehenszinssatz ist nicht von der jeweiligen Marktlage abhängig. Insbesondere gibt es für Bauspardarlehen keinerlei Zinsgleit- oder Anpassungsklauseln, wie sie bei sonstigen Baudarlehen gang und gäbe sind. So wie die Guthabenzinsen sind auch die Darlehenszinsen im jeweiligen Bauspartarif fest verankert.

Immer ist ein niedriger Darlehenszins mit einem niedrigen Guthabenzins gekoppelt oder umgekehrt. Im allgemeinen besteht zwischen den Zinssätzen für das Bauspardarlehen und das Bausparguthaben ein Unterschied von 2 Prozentpunkten. Im klassischen Sinne gilt das beispielsweise für den 3%/5%-Standardtarif und den 2,5%/4,5%-Niedrigzinstarif, aber auch für die Hochzinstarife oder -varianten auf 4%/6%iger Zinsbasis.

Bei den Disagiomodellen sinkt der Abstand zwischen Darlehens- und Guthabenzinsen unter 2 Prozentpunkte ab. Das Äquivalent zugunsten der Bausparkasse, die auf die im übrigen sogar »zementierte« Zinsspanne zur Deckung ihrer Aufwendungen angewiesen ist, besteht in Disagio oder Agio, das einmalig zu Beginn vom Bauspardarlehen erhoben wird und dem eine effektivzinserhöhende Wirkung zukommt.

Welche Nominalzinssätze bei den deutschen Bauspartarifen gegenwärtig gelten, ist der Spalte 5 von Tabelle 11 zu entnehmen (ebenso Spalte 8 von Tabelle 2). Das Minimum beträgt 1,5% und das Maximum 6,4%. Letztlich schlagen sich Nominalzinssatz, Darlehensgebühr und eventuelles Disagio, aber auch weitere Konditionenelemente im effektiven Jahreszins der Bauspardarlehen nieder, der unter F VI gesondert beschrieben wird.

Im Auszahlungsstadium, d. h. vor vollständiger Auszahlung der gesamten Bausparsumme, werden die Darlehenszinsen kontokorrentmäßig, d. h. zeitanteilig nach dem jeweils valutierten Darlehensstand gerechnet. Sobald die Bausparsumme und damit das Darlehen voll ausgezahlt ist, werden die Darlehenszinsen periodisch gerechnet, und zwar entweder monatlich oder vierteljährlich. Dabei gibt es im Bausparwesen drei unterschiedliche Modelle der Darlehensverzinsung, die sich wie folgt beschreiben lassen.

30-Tage-Methode:
Die Darlehenszinsen werden jeweils zum Monatsletzten berechnet und dem Darlehen zugeschlagen (kapitalisiert). Während des Monats werden Gut- und Lastschriften kontokorrentmäßig verzinst. Ein Beispiel hierfür ist der § 20 Abs. 2 der Bausparatarife aller öffentlich-rechtlichen Bausparkassen:

> »Die Bausparkasse berechnet die Zinsen monatlich auf der Grundlage taggenauer Verrechnung aller Zahlungseingänge und Belastungen. Die Zinsen sind jeweils am Monatsende fällig; sie werden mit den eingegangenen Zins- und Tilgungsbeiträgen oder sonstigen Gutschriften verrechnet.«

90-Tage-Methode:
Die Darlehenszinsen werden während des Kalenderquartals taggenau berechnet und zum Quartalsende kapitalisiert. Beispiele hierfür finden sich – als Alternative zu dem anschließend beschriebenen Quartalsmodell der Darlehensverzinsung – in den Bauspartarifen der Aachener Bausparkasse und der Bausparkasse Schwäbisch Hall sowie im Tarif IWS der Iduna Bausparkasse, allerdings bei einem um 0,25 Prozentpunkte erhöhten Jahressatz des Darlehenszinses. Im § 20 Abs. 1 der ABB des Tarifs F/T der Aachener Bausparkasse lautet die Bestimmung:

> »Der Bausparer kann stattdessen bis zur Zuteilung durch schriftliche Erklärung eine Zinsberechnung nach der jeweiligen Darlehensschuld wählen, wenn er mit einer Erhöhung des Nominalzinssatzes um 0,25 vom Hundert einverstanden ist. Die im Laufe eines Kalendervierteljahres anfallenden Zinsen werden am Ende dieses Kalendervierteljahres mit den eingegangenen Tilgungsbeiträgen (Abs. 3) oder sonstigen Gutschriften verrechnet.«

Quartalsmodell:
Bei dieser früher von fast allen Bausparkassen angewendeten Methode werden die Zinsen aus dem Darlehensstand zum Quartalsbeginn berechnet und zum Quartalsschluß kapitalisiert. Gutschriften und Lastschriften während des Quartals wirken sich demnach nicht aus. So heißt es in § 20 Abs. 1 der ABB

des Tarifs RT der Colonia Bausparkasse:

»Bis zum Ablauf des Kalendervierteljahres, in dem die Auszahlung des Bauspardarlehens beendet ist, werden die Zinsen nach der jeweiligen Darlehensschuld, beginnend mit dem Tag der Wertstellung auf dem Konto des Bausparers, von da ab vierteljährlich nach der Darlehensschuld am Beginn des Kalendervierteljahres berechnet. Tilgungsleistungen wirken sich vom Beginn des auf ihren Eingang folgenden Kalendervierteljahres an in der Zinsberechnung aus. Die im Laufe eines Kalendervierteljahres anfallenden Zinsen werden am Ende dieses Kalendervierteljahres mit den eingegangenen Tilgungsbeiträgen (Abs. 2) und sonstigen Zahlungseingängen verrechnet.«

III. Tilgungsplan

Ein besonderes Kapitel ist der Tilgungsvorgang beim Bauspardarlehen. Bei allen Bausparkassen sind monatlich Zins- und Tilgungsraten, die sogenannten Tilgungsbeiträge zu entrichten. Die Tilgungsbeiträge umfassen demnach Anteile für Zinsen und Tilgung, deren Zusammensetzung sich im Laufe der Tilgungszeit verändert. Mit der fortschreitenden Darlehenstilgung nehmen die in der Gesamtrate enthaltenen Zinsanteile ab, umgekehrt nehmen die Tilgungsanteile zu. Man nennt dies progressive Tilgung, bei der die ersparten Zinsen der Tilgung zuwachsen und sie immer mehr beschleunigen.

Man kann das am besten an Zahlenbeispielen studieren. Die Tabelle 12 zeigt den Vergleich der Tilgungspläne bei der 30- und der 90-Tage-Methode sowie beim Quartalsmodell der Darlehensverzinsung. Übereinstimmend ist zum 1. 1. 01 ein Bauspardarlehen, in dem die Darlehensgebühr schon enthalten sein soll, in Höhe von anfänglich 100 000 DM, ferner ein Jahreszinssatz von 5% und ein monatlicher Tilgungsbeitrag für Verzinsung und Tilgung des Bauspardarlehens in Höhe von 1000 DM unterstellt. Der Tilgungsbeitrag geht annahmegemäß jeweils zum Monatsletzten ein, erstmals zum 31. 1. 01.

In der letzten Zeile der Tabelle 12 sind u. a. die während der ganzen Tilgungszeit belasteten Darlehenszinsen aufgeführt.

Daraus ist zu ersehen, daß unter gleichen Voraussetzungen für Darlehensgebühr und -zinssatz die 90-Tage-Methode zu der niedrigsten (29 451,80 DM), das Quartalsmodell zu der höchsten Zinsensumme (30 170,47 DM) führt. Es wäre aber nicht angängig, daraus den Zinsvorteil ablesen zu wollen, den die taggenaue Zinsverrechnung der 30- oder der 90-Tage-Methode dem Darlehensnehmer gegenüber dem Quartalsmodell verschafft; denn gerade die Voraussetzung gleichhoher Bruttoanfangs-Bauspardarlehen und gleicher Jahreszinssätze für das Bauspardarlehen geht verloren, wenn eine Bausparkasse von dem Quartalsmodell der Darlehensverzinsung zwar zur 30- oder 90-Tage-Methode übergeht, Zug um Zug aber entweder die Darlehensgebühr oder den Nominalzinssatz für das Bauspardarlehen erhöht. Solche Kompensationsmaßnahmen sind tatsächlich ergriffen worden.

So bewirkt die Erhöhung des Jahreszinssatzes für das Bauspardarlehen um 0,25 Prozentpunkte auf 5,25 % bei der 90-Tage-Methode ein Ansteigen der Zinsensumme auf 31 545,34 DM (bei unveränderter Darlehensgebühr). Erhöht sich bei der 30-Tage-Methode (mit unverändertem Jahreszinssatz von 5 %) die Darlehensgebühr von bisher 2 % auf 3 % des Nettoanfangs-Bauspardarlehens, so müßte aus Gründen der Vergleichbarkeit das Bruttoanfangs-Bauspardarlehen im Tilgungsplan auf 100 000 DM · 1,03 : 1,02 = 100 980,40 DM heraufgesetzt und der Tilgungsbeitrag bei 1000 DM belassen werden. Unter dieser Voraussetzung ergibt sich eine Zinsensumme von 30 338,57 DM. Erst dann liegt die Summe der Darlehenszinsen mit 30 876,44 DM beim Quartalsmodell höher, wenn man den für den Darlehensnehmer ungünstigsten Zahlungseingang der Tilgungsbeiträge jeweils zum Monatsanfang, erstmals am 1. 2. 01, unterstellt.

Im übrigen sind die Tilgungspläne der Tabelle 12 nur als Musterbeispiele anzusehen. Ohnehin sind aus Vereinfachungsgründen die jährlichen Kontogebühren vernachlässigt wie auch die eventuellen Veränderungen durch die Einbeziehung der bei vielen Bausparkassen vorgesehenen Risikolebensversicherung (vgl. Abschnitt F IX). Bei jedem Verzinsungsmodell können sich die Abläufe bereits dadurch verändern, daß der angenommene Zahlungseingang der Tilgungsbeiträge nicht zutrifft.

Wäre außerdem das anfängliche Bauspardarlehen noch nicht voll ausgezahlt gewesen, so hätten auch abweichende Valutierungen der Darlehenstranchen den Tilgungsplan beeinflußt. Deshalb kann man von dem Tilgungsplan für ein Bauspardarlehen eine präzise Vorausschau nur erwarten, wenn das Darlehen vollständig ausgezahlt, der Tilgungsbeginn bekannt und mit der Einhaltung des unterstellten Zahlungsplans zu rechnen ist.

IV. Tilgungsbeitrag

1. Allgemeines

Der Darlehensnehmer hat bei allen Bausparkassen Monatsraten für die Verzinsung und Tilgung des Bauspardarlehens, Tilgungsbeitrag genannt, zu entrichten. Die Zahlung beginnt auf jeden Fall kurze Zeit nach Vollauszahlung des Bauspardarlehens, im Falle von Teilauszahlungen gegebenenfalls auch schon früher (vgl. Spalte 8 der Tabelle 1).

Meist bleibt der Tilgungsbeitrag während der ganzen Darlehenszeit konstant. Damit ist das Prinzip der sogenannten Annuitätentilgung mit monatlichen Zahlbeträgen verwirklicht. Der Tilgungsbeitrag setzt sich, wie schon erläutert, aus unterschiedlichen Anteilen von Zinsen und Tilgung zusammen. Bei neueren Tarifmodellen ist der Tilgungsbeitrag nicht konstant, sondern während der Tilgungszeit gestaffelt oder dynamisiert.

2. Gleichbleibender Tilgungsbeitrag

Bis zum Beginn der 1980er Jahre kamen in der Bausparpraxis nur während der ganzen Darlehenslaufzeit gleichbleibende Tilgungsbeiträge vor; sie bemessen sich nach der Bausparsumme, und zwar in ‰ (Promille oder v. T.). Beispiele hierfür sind die Standardtarife der Landesbausparkassen und die der meisten privaten Bausparkassen mit einem Tilgungsbeitrag in Höhe von 6‰ der Bausparsumme (vgl. Spalte 9 von Tabelle 11). Für die Schnelltarife gelten meist Tilgungsbeiträge von 7‰ oder 8‰

der Bausparsumme. Langzeittarife sind hingegen durch Tilgungsbeiträge von 4‰ bis allenfalls 5‰ der Bausparsumme gekennzeichnet.

Die alleinige Bemessung des Tilgungsbeitrags nach der Bausparsumme erleichtert sowohl für den Bausparer als auch für die Bausparkasse die Kalkulation. Die späterhin für das Bauspardarlehen zu erwartende Zahllast kann im voraus exakt angegeben werden.

Auf der anderen Seite bleibt aber meist die Länge der künftigen Tilgungszeit völlig offen. Die Tilgungsdauer wird nämlich bei festliegendem Darlehenszins von der Höhe des Tilgungsbeitrags im Verhältnis zum Beginndarlehen bestimmt. Mit Beginndarlehen ist das (voll ausgezahlte) Bruttoanfangs-Bauspardarlehen im Zeitpunkt des Tilgungsbeginns gemeint. Das Bruttoanfangsdarlehen hängt jedoch von dem im Zeitpunkt der Bereitstellung der Bausparsumme erreichten Prozentguthaben ab, das nicht von vornherein feststeht. Mindestens sind zwar 40%, 45% oder 50% der Bausparsumme anzusparen. Durch weitere Sparzahlungen und durch die Zinsgutschriften liegen jedoch im Bereitstellungszeitpunkt die tatsächlichen Anspargrade durchweg höher.

Es liegt auf der Hand, daß bei gleichem Tilgungsbeitrag die Prozentrate um so höher ausfällt, je niedriger das Prozentdarlehen, d. h. je höher das Prozentguthaben ist. Je höher jedoch die Prozentrate ist, um so mehr verkürzt sich die Tilgungszeit. Man kann die Dinge auch so deuten: Aus einem Tilgungsbeitrag in fester Relation zur Bausparsumme unabhängig vom Anspargrad folgt unabänderlich, daß, je mehr der Bausparer von der Bausparsumme anspart, er nicht nur ein um so niedrigeres Darlehen erhält, sondern dieses auch noch um so rascher tilgen muß.

Handelt es sich indessen um einen Bauspartarif mit festem Darlehensanspruch in Höhe von 50% der Bausparsumme, so besteht sehr wohl eine unveränderliche Relation zwischen dem Tilgungsbeitrag und dem Anfangsdarlehen und infolgedessen eine vom Anspargrad (der immer wenigstens 50% der Bausparsumme betragen muß) unabhängige konstante Tilgungszeit des (voll beanspruchten) Bauspardarlehens.

115

3. Gestaffelter oder dynamisierter Tilgungsbeitrag

Die neueren Tariflösungen, bei denen die Tilgungsbeiträge gestaffelt oder dynamisiert sind, wollen die Zins- und Tilgungslast des Bausparers in den ersten Jahren nach Tilgungsbeginn, in denen ihm der Kapitaldienst für das Bauspardarlehen am schwersten fällt, erleichtern. Da sich der Zinssatz für das Bauspardarlehen nicht ändert, geht die Absenkung des Tilgungsbeitrags voll zu Lasten des Tilgungsanteils. Würde dies später nicht aufgeholt, so verringerten sich die Tilgungsrückflüsse zur Zuteilungsmasse auf die Dauer. Das wiederum müßte im gemeinschaftlichen Bausparsystem wartezeitverlängernd wirken. Deshalb muß die anfängliche Absenkung des Tilgungsbeitrags im Laufe der Tilgungszeit durch dessen Erhöhung kompensiert werden.

Bei relativ kurzer Tilgungszeit eines Bauspartarifs ist der Spielraum für eine Staffelung des Tilgungsbeitrags nur sehr klein. In dieser Beziehung sind die Voraussetzungen bei einem Langzeittarif etwas günstiger. Folglich hat die Bausparkasse GdF Wüstenrot bei ihrem Hochzins-Langtarif 5 die Staffelung auf einen etwas längeren Zeitraum erstrecken können. Statt eines gleichbleibenden Tilgungsbeitrags in Höhe von 4‰ der Bausparsumme wählte sie folgende Abstufung: 3,5‰ der Bausparsumme in den ersten vier Tilgungsjahren, 4‰ in den nächsten vier Jahren und 4,5‰ in den restlichen Tilgungsjahren (vgl. Tabelle 11 Spalte 9).

Wie aus der Tabelle 11 weiter hervorgeht, haben einige private Bausparkassen bei ihren Optionstarifen die durchgehende Dynamisierung des Tilgungsbeitrags eingeführt. Der Tilgungsbeitrag ist für den Beginn der Rückzahlung des Bauspardarlehens mit einem bestimmten Promillesatz der Bausparsumme festgesetzt; er erhöht sich vom nächstfolgenden 1. Januar an um jeweils 5% des Vorjahresbetrages. Der Kapitaldienst für das Bauspardarlehen steigt mithin dauernd an.

V. Tilgungszeit

Aus dem vorhergehenden Kapitel wird deutlich, daß eine direkte Beziehung zwischen Tilgungsbeitrag und Tilgungszeit des Bauspardarlehens bei planmäßigem Ablauf nur dann existiert, wenn der Tilgungsbeitrag sich nach dem Anfangsdarlehen richtet. Um ein Beispiel zu nennen: Beläuft sich der Tilgungsbeitrag auf gleichbleibend 1% des Bruttobauspardarlehens, so ergibt sich die Tilgungszeit beim Quartalsmodell der Darlehensverzinsung und bei einem 5%igen Nominalzinssatz zu knapp 11 Jahren.

Anders verhält es sich bei den eindeutig dominierenden Tariftypen des deutschen Bausparens, bei denen der Tilgungsbeitrag ausschließlich in Promille der Bausparsumme festgesetzt ist. Hier bleibt kein anderer Weg, als bei Zuteilung das Bruttoanfangs-Bauspardarlehen zu errechnen und den Tilgungsbeitrag darauf zu beziehen. Das ergibt eine monatliche Prozentrate vom Anfangsdarlehen, für die nunmehr wieder die Tilgungszeit (bei dem jeweiligen Nominalzinssatz des Bauspardarlehens und dem maßgebenden Modell der Darlehensverzinsung) angegeben werden kann. Stellt sich beispielsweise das Bruttoanfangsdarlehen einschließlich Darlehensgebühr auf 50% der Bausparsumme, so errechnet sich die prozentuale Monatsrate für einen Tilgungsbeitrag von

6‰ der Bausparsumme zu $0,6 : 0,5 = 1,2\%$ des Anfangsdarlehens,

7‰ der Bausparsumme zu $0,7 : 0,5 = 1,4\%$ des Anfangsdarlehens,

8‰ der Bausparsumme zu $0,8 : 0,5 = 1,6\%$ des Anfangsdarlehens.

Bei einem 5%igen Nominalzinssatz des Bauspardarlehens und dem Quartalsmodell der Darlehensverzinsung resultiert aus einer Monatsrate von

1,2% eine Tilgungszeit von 8 Jahren/8 Monaten,

1,4% eine Tilgungszeit von 7 Jahren/2 Monaten,

1,6% eine Tilgungszeit von 6 Jahren/1 Monat,

wenn im ersten Quartal der Tilgung nur zwei (und von da ab jeweils drei) Tilgungsbeiträge eingehen und das Bauspardarlehen in einem Betrag genau einen Monat vor dem Beginn der Zahlung von Tilgungsbeiträgen ausgezahlt worden ist. Gilt die zuletzt genannte Voraussetzung nicht, wird das Bauspardarlehen also in Raten ausgezahlt oder beginnt die Entrichtung von Tilgungsbeiträgen früher oder später, so verschiebt sich natürlich der Tilgungsablauf mit der Konsequenz mehr oder weniger geringfügig verlängerter oder verkürzter Tilgungszeiten.

Die vorhin aufgeführten Tilgungszeiten sind aus der Tabelle 13 abzulesen. Darin sind die Laufzeiten von Bauspardarlehen beim Quartalsmodell der Darlehensverzinsung in Abhängigkeit von der prozentualen Monatsrate bei Tilgungsbeginn aufgeführt, und zwar für die Nominalzinssätze der Bauspardarlehen zwischen 3% und 6% sowie für Monatsraten zwischen 0,8% und 1,98% des Bruttoanfangs-Bauspardarlehens bei Tilgungsbeginn. Sehr niedrige Monatsraten, die grundsätzlich als in gleichbleibender Höhe geleistet angenommen sind, kommen im Bereich der Langzeittarife bzw. -varianten vor, höhere Monatsraten bei den Schnelltarifen.

Ist die 30-Tage-Methode der Darlehensverzinsung anzuwenden, so gilt die Tabelle 14 für die Tilgungszeiten. Die in den Tabellen 13 und 14 ausgewählten Kombinationen von prozentualer Monatsrate für Verzinsung und Tilgung sowie nominellen Darlehenszinssätzen bedeuten nicht, daß es in der Bausparpraxis sämtliche Fallgestaltungen tatsächlich gibt. Für Prozentraten oder Darlehenszinssätzen, die tabellarisch nicht erfaßt sind, ist durch Interpolation (bei den Zinssätzen auch durch Extrapolation) wenigstens eine annähernde Bestimmung der Tilgungszeiten möglich.

Vergleichbare Prämissen erlauben einen unmittelbaren Vergleich der Tilgungszeiten bei den beiden von den Bausparkassen am meisten angewendeten Verzinsungsmodellen. So errechnet sich bei einer Bausparsumme von 100 000 DM, einem Jahreszinssatz von 4,5%, einem Tilgungsbeitrag von 6‰ der Bausparsumme und einem Bausparguthaben des Vertrages nach einem Standardtarif in Höhe von 42 000 DM bei Zuteilungsannahme ein Nettoanfangs-Bauspardarlehen von 58 000 DM. Beträgt im Falle der 30-Tage-Methode die Darlehensgebühr 3% und damit das Bruttoanfangs-Bauspardarlehen 59 740 DM, so macht die Monatsrate 600 DM : 59 740 DM = 1,004% aus. Laut Tabelle 14 beträgt dann die Tilgungszeit annähernd 10

Jahre und 6 Monate. Gilt hingegen für das Quartalsmodell der Darlehensverzinsung eine 2%ige Darlehensgebühr, also ein Bruttoanfangs-Bauspardarlehen von 59 160 DM, gelangt man über eine Prozentrate von 600 DM : 59 160 DM = 1,014% laut Tabelle 13 zu einer etwas kürzeren Tilgungszeit von rd. 10 Jahren und 5 Monaten.

Die Tabellen 13 und 14 erlauben es außerdem, die Restlaufzeiten von Bauspardarlehen abzuschätzen, indem man den (konstanten) Tilgungsbeitrag auf das Restdarlehen bezieht. Auch dazu ein Beispiel: Macht im Falle des 4,5%igen Nominalzinssatzes und der 30-Tage-Methode der Darlehensverzinsung der Tilgungsbeitrag im Verhältnis zu dem inzwischen durch Tilgung abgesunkenen Bauspardarlehen 1,9% aus, so dauert die restliche Tilgungszeit nur noch knapp 5 Jahre (4 Jahre/11 Monate nach Tabelle 14).

VI. Die effektiven Jahreszinsen der Bauspardarlehen

Der effektive Jahreszins, auch kurz Effektivzinssatz genannt, ist eine Maßzahl, mit der es gelingt, die unterschiedlichen Konditionenelemente eines Kredits einzufangen, die mithin angibt, wie »teuer« der Kredit tatsächlich ist, wenn man alle Bestimmungsgrößen in einen während der ganzen Kreditlaufzeit konstanten Zinssatz ummünzt. Man kann sich den Umrechnungsvorgang so vorstellen, daß der gleiche Zahlungsstrom des Kreditverhältnisses (Darlehensauszahlung einerseits und Entrichtung der Zins- und Tilgungsraten andererseits) zu den gleichen Terminen fiktiv einem Vergleichskonto zugeführt wird, das mit einem bestimmten Zinssatz kontokorrentmäßig abgewickelt wird. Derjenige Zinssatz, der auf dem Vergleichskonto im gleichen Zeitpunkt zur vollständigen Tilgung des Kredits führt wie beim tatsächlichen Ablauf, ist der effektive Jahreszins.

Zweifellos müssen bei der Herleitung des effektiven Jahreszinses die folgenden Bestimmungsgrößen berücksichtigt werden:

– Nominalzinssatz,
– Tilgungsbeitrag, der monatlich zu entrichten ist (und damit die Tilgungszeit des Bauspardarlehens),

- Darlehensgebühr und gegebenenfalls Agio,
- Disagio, das eventuell einbehalten wird und
- Verzinsungsmodell im Darlehensstadium (30- oder 90-Tage-Methode oder Quartalsmodell).

Als fraglich kann erscheinen, wie die Abschlußgebühr, die Ansparphase des Bausparvertrages, eine eventuelle Risikolebensversicherung und andere Umstände, die den Tilgungsablauf beeinflussen, einzubeziehen sind. Im wesentlichen lassen sich diese Fragen darauf zurückführen, daß der Bausparvertrag ein kombiniertes Spar- und Kreditinstrument darstellt und daß er dem Bausparer eine weitestgehende Gestaltungsfreiheit in Spar-, Zuteilungs- und Darlehensstadium einräumt. Strenggenommen ließe sich ein Effektivzinssatz erst nach restloser Tilgung des Bauspardarlehens berechnen, wenn einmal jener Tilgungsablauf genau bekannt ist. Eine derartige Nachkalkulation nützt jedoch wenig.

Die in § 4 der Preisangaben-Verordnung geforderte Angabe des effektiven Jahreszinses hat vielmehr den Sinn, den Verbraucher im vorhinein aufzuklären. Der Interessent soll Anhalt und Vergleichsmaßstab an die Hand bekommen. Da aber der künftige Ablauf des Bausparvertrages überhaupt nicht feststeht, bleibt kein anderer Weg als die Standardisierung. Auf diese Weise kann für jeden Bauspartarif bzw. jede Tarifvariante ein normierter Einheitssatz des effektiven Jahreszinses angegeben werden, der die Tarife mit gleicher Guthabenverzinsung vergleichbar macht. Auf die folgenden Berechnungsgrundsätze haben sich die Preisaufsichtsbehörden mit der Bausparwirtschaft geeinigt:

- Die Abschlußgebühr bzw. die (un)verzinsliche Einlage wird (in der Art eines Disagios) so weit berücksichtigt, wie das Bauspardarlehen die Bausparsumme bedeckt, d. h. im allgemeinen zu 60% oder 50%.
- Der Bausparvertrag weist genau das tarifliche Mindestguthaben auf. Mithin entspricht das anfängliche Bauspardarlehen dem maximalen Darlehensanspruch laut Tarif.
- Dieses Nettoanfangs-Bauspardarlehen erhöht sich um die Darlehensgebühr und vermindert sich gegebenenfalls um das Disagio.

- Der Bausparer leistet jeweils zum Monatsersten bzw. Monatsletzten die sich nach den Bausparbedingungen ergebenden Tilgungsbeiträge (im letzten Monat der Tilgung den anteiligen Betrag).
- Das Bauspardarlehen wird an einem 1. Januar ausgezahlt; die Tilgung beginnt am darauffolgenden 1. Februar bzw. 31. Januar.
- Die Darlehenszinsen errechnen sich beim Quartalsmodell der Darlehensverzinsung jeweils aus dem Darlehensstand zu Beginn des Vierteljahres (vor Eintreffen des Tilgungsbeitrags zu diesem Termin). Bei der 30- bzw. der 90-Tage-Methode werden die während des Monats bzw. Quartals eingehenden Tilgungsbeiträge taggenau verbucht.
- Wie auch für andere Kredite sind die jährlichen Kontogebühren und andere, nicht regelmäßig anfallende Last- und Gutschriften (etwa Gebühren für die Beleihungswertermittlung oder Sondertilgungen) nicht in die Berechnung einzubeziehen.

Kosten für Versicherungen, »die der Darlehensgeber zwingend als Bedingung für die Gewährung des Kredites vorschreibt«, sind jedoch einzurechnen. Das gilt gegebenenfalls für die obligatorische Risikolebensversicherung. Sofern dem Bausparer, z. B. wenn er nach den ABB Versicherungsnehmer der Risikolebensversicherung ist, (nach dem Versicherungsvertragsgesetz) ein 10tägiges Widerrufsrecht zusteht, gehen die Versicherungsbeiträge nicht in den Effektivzinssatz ein.

Im übrigen werden die effektiven Jahreszinsen nach der sogenannten Zinsstaffelmethode berechnet, bei der auf dem Vergleichskonto die monatlichen Zahlungen des Bausparers während des Kalenderjahres in vollem Umfang als zinsmindernde Schuldsenkung angesehen, also zinsstaffelmäßig erfaßt und die Darlehenszinsen erst zum 31. Dezember kapitalisiert werden. Die Zinsstaffelmethode wird bei Berechnung des effektiven Jahreszinses nach der Preisangaben-Verordnung generell angewendet.

Für alle gegenwärtig angebotenen Bauspartarife sind die effektiven Jahreszinsen in Spalte 12 von Tabelle 11 genannt. Die Spanne reicht von 2,16% bis zu 9,31%. Natürlich sind die niedrigsten Effektivzinssätze bei den Niedrigzinstarifen anzutreffen, die höchsten bei den Hochzinstarifen.

VII. Sondertilgungen

Sondertilgungen sind jederzeit zulässig, so heißt es in den Bausparbedingungen aller Kassen. Hierin dokumentiert sich eine außerordentliche Freizügigkeit auch in der Darlehensphase. Anders als meist bei I. Hypotheken und sonstigen Baudarlehen ist es nicht erforderlich, daß der Bausparer bestimmte Fristen beachtet, das Darlehen ganz oder teilweise ausdrücklich kündigt oder dergleichen. Es genügt vielmehr, die Sondertilgung an die Bausparkasse zu überweisen.

Beläßt es der Bausparer bei dieser Mehrleistung über die laufenden Tilgungsbeiträge hinaus, so hat er eine Vorauszahlung auf die künftigen Tilgungsbeiträge entrichtet. Er könnte später, wenn seine finanzielle Lage dies erfordern sollte, in entsprechendem Umfang mit der Zahlung der Tilgungsbeiträge aussetzen.

Die Sondertilgung wirkt sich vom nächsten Zinsstichtag an bzw. bei der 30- oder 90-Tage-Methode der Darlehensverzinsung sofort zinssenkend aus. Überweist der Bausparer weiterhin die Tilgungsbeiträge wie bisher, so erhöht sich der darin enthaltene Tilgungsanteil und beschleunigt sich die Rückzahlung des Bauspardarlehens.

Erreicht die Sondertilgung einen bestimmten Mindestumfang – bei der Bausparkasse GdF Wüstenrot beispielsweise $1/10$ des Anfangsdarlehens, mindestens aber 1000 DM; bei der Leonberger Bausparkasse $1/5$ des Restdarlehens, mindestens aber 2000 DM –, ist sogar eine Ermäßigung des Tilgungsbeitrages möglich (vgl. im einzelnen die Spalten 9 und 10 der Tabelle 1). Der Bausparer kann alsdann verlangen, daß der Tilgungsbeitrag zum Beginn des folgenden Kalendermonats oder -quartals im Verhältnis des neuen zum bisherigen Restdarlehen herabgesetzt wird. Geschieht dies, so bleibt für das reduzierte Bauspardarlehen die ursprüngliche Tilgungszeit bestehen.

Im Falle der Ermäßigung des Tilgungsbeitrags anläßlich der Sondertilgung vermindern sich die laufenden Zahlungsverpflichtungen des Bausparers für die Zukunft. Auf der anderen Seite scheidet dann die vorhin geschilderte Möglichkeit aus, die Sondertilgung als Vorausleistung anzusehen.

Abschließend ein Zahlenbeispiel zur Senkung des Tilgungsbeitrags bei Sondertilgung:

Darlehensstand vor Sondertilgung	40 000 DM
Sondertilgung ($1/5$ des Restdarlehens)	8000 DM
Darlehensstand nach Sondertilgung	32 000 DM
Alter Tilgungsbeitrag	500 DM
Neuer Tilgungsbeitrag	400 DM

$$= \frac{32\,000}{40\,000} \cdot 500$$

Warum der Tilgungsbeitrag im Verhältnis der Sondertilgung zum Darlehensstand vor der Sondertilgung zu kürzen ist, verdeutlicht man sich am schnellsten wie folgt: Man teile gedanklich das Darlehen in einen weiter bestehenden und in den durch die Sondertilgung zurückgezahlten Teil auf; in jenem Falle wäre der Tilgungsbeitrag im gleichen Verhältnis zu zerlegen.

VIII. Tilgungsstreckung

Im Bausparwesen versteht man unter der Tilgungsstreckung die Senkung der Annuität für das Bauspardarlehen, die zwangsläufig die Laufzeit des Bauspardarlehens verlängert, also nicht wie bei I. Hypotheken die Aufbesserung des unter 100% liegenden Auszahlungskurses durch die Gewährung eines vorweg zu tilgenden Zusatzdarlehens gegen Aussetzung der Tilgung des Hauptdarlehens. Infolge des meist hohen Anfangstilgungssatzes erfordert das Bauspardarlehen eine hohe Annuität. Die Anfangstilgungen bei I. Hypotheken liegen durchweg nur in der Größenordnung von 1% bis 2% jährlich, für die Bauspardarlehen aus Verträgen nach den Standard- oder Schnelltarifen hingegen bei 7% und mehr.

Ein verzögerter Rückfluß der Bauspardarlehen tangiert jedoch das Wartezeitgefüge im kollektiven Bausparen. Es geht daher nicht an, einzelnen Bausparern eine Tilgungsstreckung ohne Äquivalent einzuräumen; denn die daraus resultierende Wartezeitverlängerung ginge zu Lasten der gesamten Bausparergemeinschaft.

Einige Bausparkassen bieten oder boten eine außertarifliche Form der Tilgungsstreckung in der Weise an, daß durch eine Zusatzvereinbarung außerhalb der Bausparbedingungen gegen einen etwas erhöhten Darlehenszins der Tilgungsbeitrag gesenkt wird. Beispielsweise ermäßigt sich bei einem solchen Modell die Zins- und Tilgungsrate um $1/5$, während der Zinssatz für das Bauspardarlehen um 0,75 Prozentpunkte ansteigt. Dadurch dehnt sich die Tilgungszeit auf rd. 16 Jahre aus (Annuität 9,6% statt 12%). Mit dem Mehrzins und einer Anhebung der Darlehensgebühr über 2% hinaus wird die Aufnahme von Fremdgeld finanziert, das die Bausparkasse der Zuteilungsmasse zum Ausgleich der Mindertilgung zuführt.

Die Nachfrage nach tilgungsgestreckten Darlehen ist indessen recht gering. Offensichtlich scheuen die Bausparer nicht nur die geringfügige Zinssatzerhöhung; sie sind vielmehr auch bestrebt, ihr Eigenheim so rasch wie möglich, insbesondere von den nachrangigen Baudarlehen, zu entschulden. Darüber hinaus sind die Möglichkeiten der Bausparkassen, derartige Langdarlehen zu gewähren, begrenzt, weil sie einen Fremdgeldbedarf erfordern, dessen Deckung nach Höhe und Konditionen nicht unproblematisch ist. Diese Hemmnisse stehen einer größeren Anwendung der bausparkasseninternen Tilgungsstreckung vor allem bei den Bausparfinanzierungen der Großbausparer wie Gemeinden und Wohnungsbauunternehmen entgegen. Andererseits hat die Einführung der Langzeittarife bzw. -varianten das Problem entschärft (vgl. A IV 2).

Die Tilgungsstreckung bei Bauspardarlehen kann auch dadurch erreicht werden, daß ein anderes Kreditinstitut dem Bausparer zusätzlich ein sogenanntes Annuitätshilfedarlehen zu marktmäßigen Bedingungen in Höhe eines Teiles der für das Bauspardarlehen zu entrichtenden Zins- und Tilgungsrate gewährt. Der Bausparer selbst braucht nur einen Teil (etwa $4/5$) des tariflichen Tilgungsbeitrages aufzubringen; den restlichen Teil ($1/5$) zahlt das Kreditinstitut an die Bausparkasse, deren Zuteilungsmasse damit so gestellt wird, als ob das Bauspardarlehen normal getilgt würde.

Das Fremdgeldproblem ist dadurch von der Bausparkasse auf das Kreditinstitut verlagert, das sich durch die Zusage eines Annuitätshilfedarlehens auf eine laufende Kreditgewährung mit jeweils steigenden Valutierungen festlegt. Die Zinsen für das Annuitätshilfedarlehen sind entweder während der Laufzeit des Bauspardarlehens gesondert zu entrichten, oder sie laufen in dieser Zeit auf (Kapitalisierung). Es würde zu weit führen, hier alle in der Praxis vorkommenden Abwandlungen von Tilgungsstreckungsmaßnahmen bei Bauspardarlehen zu beschreiben. Eine eingehende Darstellung und Berechnungsbeispiele findet der interessierte Leser im Abschnitt C III des Buches von Laux »Die Bausparfinanzierung«.

IX. Risikolebensversicherung

Bei fast allen privaten und drei öffentlich-rechtlichen Bausparkassen ist eine Risikolebensversicherung zur Darlehensabsicherung auf den Todesfall des Bausparers als fester Vertragsbestandteil in den Bausparbedingungen verankert. Man spricht von einer automatischen Versicherung im Gegensatz zu der fakultativen Versicherung, die bei den übrigen Bausparkassen auf freiwilliger Basis geboten wird. Im folgenden sollen Besonderheiten, Vorteile und Grenzen dieser Bausparrisikoversicherung dargestellt werden.

1. Automatik der Versicherung

Die dominierende Form der Bausparrisikoversicherung weist entscheidende Vorzüge auf. Zu nennen ist vor allem die ihr innewohnende Automatik. Sobald das Kriterium für den Versicherungsbeginn erfüllt ist (Zuteilungsannahme, Darlehenszusage oder erste Darlehensauszahlung), meldet die Bausparkasse bei dem Versicherungsunternehmen, mit dem sie einen Bauspargruppen-Risikoversicherungsvertrag abgeschlossen hat, die Risikoversicherung auf das Leben des Bausparers an. Auch die von den Bausparkassen gewährten Zwischendarlehen sind regelmäßig in den Versicherungsschutz einbezogen. Für die Bausparrisikoversicherung ist im allgemeinen keinerlei Gesundheitprüfung erforderlich. Die niedrigen Versicherungsbeiträge der Gruppenversicherungstarife kommen daher auch bei Bausparern zum Zuge, deren Gesundheitszustand beeinträchtigt ist oder bei denen erhebliche Vorerkrankungen vorliegen, so daß sie bei einem Einzelabschluß, wenn überhaupt, kaum zu normalen Bedingungen versichert werden könnten.

Die automatische Versicherungsanmeldung hat den weiteren Vorteil, daß alle Formalitäten eines Versicherungsabschlusses vom Antrag bis zur eventuell erforderlichen ärztlichen Untersuchung wegfallen, die der Bausparer gerade im Drange des Bauvorhabens als lästig empfinden und zu vermeiden streben wird. Im übrigen ist die Versicherung kein absoluter Zwang. Dem Bausparer ist es unbenommen, der Bausparkasse die Rechte und Ansprüche aus einer auf sein Leben schon bestehenden, ausreichend hohen Lebensversicherung abzutreten, damit die Risikolebensversicherung entfällt. Vorausschauende Bausparer schließen oft schon in jungen Jahren zu den dann für sie geltenden niedrigeren Beitragssätzen eine Einzelversicherung ab, gerade auch im Hinblick auf die beabsichtigte spätere Aufnahme eines Darlehens und auf die daraus erwachsenden Verpflichtungen. Bei solcher Sachlage ist die Abtretung der zweckmäßigste Weg. Andernfalls ist es empfehlenswert, die Risikolebensversicherung zusätzlich einzugehen und nicht durch eine Abtretung den mit der anderweitigen Lebensversicherung geplanten Versorgungszweck dadurch zu gefährden, daß im Todesfall die Versicherungssumme in Höhe der Restschuld an die Bausparkasse fließt.

Außerdem steht dem Bausparer nach den ABB oder, wenn er Versicherungsnehmer ist, unmittelbar nach dem Versicherungsvertragsgesetz meist ein 10tägiges Widerrufsrecht zu. Er kann also der Versicherungsanmeldung durch die Bausparkasse widersprechen. Da die Absicherung auf den Todesfall jedoch höchst sinnvoll ist, sollte es der Bausparer unterlassen, den Versicherungsschutz zu vereiteln.

2. Versicherungssumme

Bei der Bausparrisikoversicherung handelt es sich um eine Art von Restschuldversicherung. Sie lautet demnach nicht über eine feste Summe. Versichert ist vielmehr generell das jeweilige Restdarlehen. Die Versicherungssummen fallen daher durchweg von Jahr zu Jahr. Hierdurch ist der Versicherungsschutz dem aktuellen Darlehensstand angepaßt, dem er entsprechend der Tilgung vom Beginn des nächsten Kalenderjahres folgt.

Grundsätzlich wird die Versicherungssumme in der Tilgungszeit zu Beginn eines jeden Kalenderjahres neu festgesetzt und dann für das ganze Jahr konstant gehalten. Die Darlehensschuld verändert sich hingegen im Laufe des Kalenderjahres durch Gut- und Lastschriften auf dem Bausparkonto, so daß nie eine hundertprozentige Deckung besteht. Insbesondere beim Tod gegen Ende eines Kalenderjahres ist die Versicherungssumme meist etwas höher als der Darlehenssaldo, so daß den Erben eine kleine Restsumme bar zufließen kann.

Unterschiedlich sind die Regelungen bei den Bausparkassen über die Höchstversicherungsumme (von 25 000 DM bis zu 300 000 DM) sowie über das Höchsteintrittsalter für die Pflichtversicherung (54 bis 60 Jahre). Im einzelnen wird auf die Spalten 11 und 12 der Tabelle 1 verwiesen. Sonderbestimmungen gibt es für den Fall noch nicht vollständig ausgezahlter Bauspardarlehen sowie für die Vor- oder Zwischenfinanzierung. Hierauf kann aus Platzgründen nicht näher eingegangen werden.

Im Todesfall wird die Versicherungssumme fällig und dem Bausparkonto gutgeschrieben. Dadurch geht die Darlehensschuld aus dem Bausparvertrag in der Regel vollständig unter. Die Hinterbliebenen brauchen die Tilgungsbeiträge insofern nicht weiterzuzahlen. Das trägt dazu bei, den Angehörigen, die bei einem plötzlichen Tod möglicherweise nicht in der Lage sind, den hohen Kapitaldienst für das Bauspardarlehen aufzubringen, das Eigenheim zu erhalten.

3. Versicherungsbeitrag und -zuschlag

Auch für die Versicherungsbeiträge gelten andere Regeln, als sie in der Lebensversicherungswirtschaft geläufig sind. Der Beitrag wird nämlich jedes Jahr nach dem erreichten Alter und der dann gültigen Versicherungssumme neu berechnet, bleibt also während der Versicherungszeit im Gegensatz zu fast allen sonstigen Lebensversicherungen nicht konstant. Die Konsequenzen sind: Für eine feste Versicherungssumme (beispielsweise 1000 DM) steigt der Beitrag – vom Altersbereich bis zu etwa 30 oder 35 Jahren mit gleichbleibenden Beitragssätzen abgesehen – mit höher werdendem Lebensalter von Jahr zu Jahr an, wie auch die Wahrscheinlichkeit zu sterben immer mehr zunimmt. Da aber die Versicherungsbeiträge nur für immer niedriger werdende Versicherungssummen anfallen, sinkt der tatsächlich zu zahlende Beitrag regelmäßig ab. Lediglich für sehr hohe Alter (bei recht kräftigem Beitragsanstieg) oder bei nur schwachem oder überhaupt nicht eintretendem Abfallen der Versicherungssumme (z. B. in den ersten Monaten nach Tilgungsbeginn) kann es passieren, daß die Versicherungsbeiträge gegenüber dem Vorjahresstand etwas zunehmen. Diese etwas kompliziert erscheinende Gestaltungsweise ist die Folge der für die Tilgung des Bauspardarlehens eingeräumten Freizügigkeit. Man könnte anders vorgehen, beispielsweise die fallenden Versicherungssummen nach dem planmäßigen Verlauf von vornherein ansetzen, aber nur dann, wenn Sondertilgungen ausgeschlossen wären oder Überversicherungen hingenommen werden sollen.

Da der Versicherungsschutz im Rahmen von Gruppenversicherungsverträgen gewährt wird, sind die Versicherungsbeiträge recht günstig. Sie decken allerdings nur das Todesfallwagnis ab und sind infolgedessen beim Erleben des Vertragsablaufs verfallen. Darin ist jedoch kein Nachteil gegenüber der weitverbreiteten Gemischten Versicherung zu sehen, bei der die Versicherungssumme auch beim Erleben fällig wird. Denn auch die Beiträge für solche Todes- und Erlebensfallversicherungen enthalten Risikoanteile, die für vorzeitige Todesfälle verbraucht werden. Aus diesem Grunde darf man auch den Beiträgen zur

Bausparrisikoversicherung nicht den gleichen Kostencharakter beimessen wie den Darlehenszinsen. Die Versicherungsbeiträge verschaffen die Anwartschaft auf Darlehenstilgung im Todesfalle, die Zinsen nicht.

Wenn dem Bausparer die jährlich einmalig (bei der BHW Bausparkasse vierteljährlich) und in unterschiedlicher Höhe zu entrichtenden Versicherungsbeiträge aufgegeben, die Zahlungen überwacht und gegebenenfalls angemahnt werden müßten, wäre dies recht umständlich. Die Bausparkassen (mit einigen Ausnahmen, vgl. Fußnote 19 zu den Spalten 9 bis 11 in Tabelle 11) rechnen deshalb in den Tilgungsbeitrag einen festen Zuschlag ein, der die voraussichtlich anfallenden Versicherungsbeiträge im Durchschnitt deckt. Dieser Versicherungszuschlag ist eine Verrechnungsgröße, welche die Verwaltung vereinfachen und die an sich jährlich und unterschiedlich hoch zu zahlenden Versicherungsbeiträge in monatliche, gleichbleibende Beträge umwandeln soll.

Die Verwechslung der Versicherungszuschläge mit den sonst bei Lebensversicherungen üblichen – konstanten, häufig ebenfalls monatlich zu zahlenden – Versicherungsbeiträgen von Einzelverträgen liegt zu nahe, als daß sie nicht sehr oft zutage träte, sei es, daß auf eine konstante Versicherungssumme geschlossen oder daß der Versicherungszuschlag für das eigentliche Versicherungsentgelt gehalten wird. Der Preis des Versicherungsschutzes ist jedoch allein der Versicherungsbeitrag, welchen die Bausparkasse dem Bausparkonto belastet und an die Versicherungsgesellschaft abführt. Durch die Versicherungszuschläge bringt der Bausparer die Versicherungsbeiträge auf, wobei nur eine angenäherte Übereinstimmung, auf die ganze Versicherungsdauer hin gesehen, besteht. Meistens sind zunächst die Versicherungsbeiträge und erst gegen Ende der Versicherungszeit die Versicherungszuschläge höher. Die Unterschiede zwischen Zuschlag und Beitrag schlagen sich automatisch zu Gunsten oder zu Lasten der Tilgung des Bauspardarlehens nieder. Insbesondere geht dem Bausparer nichts verloren, wenn er, auf das Jahr gesehen, mehr an Versicherungszuschlägen leistet, als an Versicherungsbeitrag zu zahlen war. Der Mehrbetrag beschleunigt die Tilgung des Bauspardarlehens geringfügig. Andererseits verlängert ein unzureichend hoher oder fehlender Versicherungszuschlag zwangsläufig die Darlehenslaufzeit.

4. Beispiel für den Tilgungsablauf mit Risikolebensversicherung

Wie die Tilgung eines Bauspardarlehens (zu 5% Jahreszinsen) in anfänglicher Höhe von 100 000 DM verläuft, wenn eine Risikoversicherung auf das Leben eines (zu Beginn 39jährigen) männlichen Bausparers besteht, ist dem Beispiel der Tabelle 15 zu entnehmen. Der gleichbleibende Tilgungsbeitrag beläuft sich auf 1000 DM monatlich (1% des Anfangsdarlehens) zuzüglich 20 DM Versicherungszuschlag. Das ergibt eine Quartalsrate von 3 × 1020 DM = 3060 DM. Da die Zinsen für das Bauspardarlehen vierteljährlich aus dem Darlehensstand zu Quartalsbeginn errechnet werden, ist eine Zusammenfassung nach Quartalen möglich. Die Versicherungsbeiträge in Promille der Versicherungssumme laut Spalte 7 entsprechen denjenigen der Wüstenrot Lebensversicherungs-AG; sie sind bereits um die derzeit 40%ige Sofortüberschußbeteiligung gekürzt.

Für den Kontoablauf ist angenommen, daß der Bausparer die Endtilgung des Darlehens erlebt. Die Versicherungssumme für die einzelnen Kalenderjahre stimmt mit dem Darlehensstand zum Jahresbeginn (abgerundet auf volle 100 DM) überein. Daraus errechnen sich die Versicherungsbeiträge der Spalte 8 von Tabelle 15.

Charakteristisch für den Tilgungsplan eines Bauspardarlehens bei bestehender Risikolebensversicherung ist, daß die Nettotilgung im ersten Kalenderquartal geschmälert wird (vgl. Spalte 10), und zwar um die vertragsmäßig per 1. Januar dem Bausparkonto belasteten Versicherungsbeiträge. Im Beispiel der Tabelle 15 zahlt der Bausparer jedoch eine um 60 DM erhöhte Quartalsrate. Dadurch ergibt sich eine geringfügige Tilgungsabkürzung: die Tilgung ist schon nach 10 Jahren und 10 Monaten beendet. Man beachte, daß gemäß Tabelle 15 dem Bausparkonto insgesamt 165 DM Kontogebühren und 2072,49 DM Versicherungsbeiträge belastet werden, während der Bausparer zusammen mit den Tilgungsbeiträgen 129,92 × 20 DM = 2598,40 DM an Versicherungszuschlägen zahlt.

5. Überschußbeteiligung

Nach gesetzlichen und aufsichtsbehördlichen Vorschriften müssen Versicherungsbeiträge so kalkuliert werden, daß die dauernde Erfüllbarkeit der oft langfristigen Versicherungsverträge gewährleistet ist. Deshalb enthalten beispielsweise die Ansätze über die Sterblichkeit und den Zinsertrag erhebliche Sicherheitszuschläge. Verlaufen die Versicherungsverhältnisse günstiger, als es den sehr vorsichtig gewählten Rechnungsgrundlagen entspricht, so entstehen Überschüsse, welche die Versicherungsgesellschaften ganz überwiegend an die Versicherungsnehmer im Wege der Überschußbeteiligung zurückgeben.

Im Falle einer Risikoversicherung, bei der eine Kapitalbildung und mithin die stärkste Überschußquelle (nämlich der über den Rechnungszinsfuß von 3,5 % hinausgehende Zinsertrag) fehlt, hängen die zu erwartenden Überschüsse im wesentlichen von dem Verlauf der Sterblichkeit ab. Ohnehin kann man aufgrund der sehr niedrigen Versicherungsbeiträge, die zum größten Teil für Kosten und eintretende Todesfälle verbraucht werden, nur mit − der absoluten Höhe nach − bescheidenen Überschußanteilen rechnen.

Nun hat es sich gezeigt, daß die Sterblichkeit der versicherten Bausparer weit niedriger ist als die der Gesamtbevölkerung. Offenbar findet eine natürliche Selbstauslese dadurch statt, daß hauptsächlich gesunde Menschen die Verpflichtungen eingehen, die mit dem Bau oder dem Kauf eines Eigenheims oder einer sonstigen mit dem Bausparvertrag finanzierten wohnungswirtschaftlichen Maßnahme verbunden sind. Wenn der Sterblichkeitsverlauf auch die fast einzige Quelle des Überschusses ist, so ist sie gleichwohl so ergiebig, daß für den Bausparer im Verhältnis zum Beitragsniveau eine ansehnliche Überschußbeteiligung möglich ist.

Die Überschußanteile werden generell in Abhängigkeit von den gezahlten Beiträgen, z. B. in Höhe von 25 % oder mehr, erklärt. Unterschiedlich sind allerdings die Systeme der Ausschüttung. Die meisten Bausparkassen kürzen die Jahresbeiträge schon vorweg um die voraussichtlich anfallenden Überschußanteile oder schreiben diese nachträglich dem Bausparkonto gut. Vereinzelt wird auch das Bonussystem praktiziert, das die Überschußanteile in einen Todesfallbonus umwandelt. Man trifft auch die sogenannte Schlußüberschußbeteiligung an, bei der – in einer Summe und daher mit einem höheren Betrag, der aus der ganzen Versicherungszeit resultiert – die Überschußanteile an den Bausparer bzw. seine Erben fließen, wenn die Risikolebensversicherung endet, und zwar entweder im Erlebensfall nach planmäßiger bzw. vorzeitiger Tilgung oder im Todesfall. Die künftige Überschußbeteiligung kann jedoch nicht garantiert werden. Sie hängt vielmehr von dem Wagnisablauf des jeweiligen Versicherungsbestandes ab.

G. Vor- und Zwischenfinanzierung von Bausparverträgen

I. Allgemeines

Das kollektive Bausparen ist unabänderlich mit dem Wartezeitproblem behaftet. Erst nach der Zuteilung der Bausparsumme kann der Bausparer das vorteilhafte Bauspardarlehen beanspruchen. Die Erfüllung der Grundvoraussetzungen für eine Zuteilung nach Zeit und Geld kann der Bausparer überblicken und selbst mitbestimmen, nämlich die Absolvierung der tariflichen Mindestsparzeit von 18 bis 60 Monaten, das Erreichen des Mindestsparguthabens von 40%, 45% oder 50% der Bausparsumme und das Anwachsen der Bewertungszahl bis zur Mindestbewertungszahl. Welche Erfordernisse jedoch für das entscheidende Kriterium einer ausreichend hohen Bewertungszahl zu erfüllen sind, ist häufig nur schwer zu erkennen.

Das Niveau der über die Zuteilung entscheidenden Zielbewertungszahlen kann der einzelne Bausparer nicht beeinflussen, letztlich auch die Bausparkasse nicht steuern oder erzwingen. Die Wartezeitverhältnisse bei einer Bausparkasse hängen von ihrem Neugeschäft — dieses wiederum von der Wirtschaftslage, den gesetzgeberischen Maßnahmen wie Einschränkungen oder Erweiterungen der Bausparförderung —, von den Sparzahlungen, den Ansprüchen an die Zuteilungsmasse und anderem mehr ab. Das schließt Schätzungen der Bausparkasse über die künftigen Zielbewertungszahlen und damit über die Zuteilungsaussichten der einzelnen Bausparverträge nicht aus. Doch handelt es sich dabei um unverbindliche Prognosen. Zusagen auf einen bestimmten Auszahlungszeitpunkt sind nach dem Bausparkassengesetz sogar ausdrücklich als unzulässig erklärt.

Die Bausparer kämen ob der Ungewißheit des Zuteilungstermins in arge Verlegenheit, ihre Kauf- oder Bauvorhaben zu planen und auszuführen, wenn die Praxis nicht Finanzierungsinstrumente entwickelt hätte, welche dieses Handikap des Bausparens überwinden helfen. Gemeint sind die Vor- und Zwischenfinanzierungen von Bausparverträgen. Durch diese Voraus- und Zwischendarlehen, wie man sie auch nennt, erlangt der Bausparer schon vor der Zuteilung Mittel in Höhe der Bausparsumme zur vorzeitigen Realisierung seiner wohnungswirtschaftlichen Maßnahme. Da die Vor- und Zwischenfinanzierungskredite auch von Banken und Sparkassen gegeben werden, sollten Bankfachleute und Baufinanzierungsberater die damit zusammenhängenden Probleme kennen.

II. Gemeinsamkeiten von Voraus- und Zwischendarlehen

Den Vor- und Zwischenfinanzierungen sind einige Besonderheiten gemeinsam.

1. Gesonderter Vertrag

Für Voraus- und Zwischendarlehen sind zusätzliche Vereinbarungen außerhalb der Bausparbedingungen erforderlich. Die Allgemeinen Bedingungen für Bausparverträge räumen keinen Anspruch auf die vorzeitige Bereitstellung der Bausparsumme durch die Bausparkasse ein. Das ist schon deshalb nicht möglich, weil die Bauspareinlagen im Modellfall vollständig in Bauspardarlehen angelegt sind.

Deshalb kann der Bausparer nicht jederzeit die Gewährung oder Vermittlung eines Voraus- und Zwischendarlehens erwarten. Übersteigt die Nachfrage die vorhandenen Möglichkeiten, so steuern die Bausparkassen ihr Angebot über die bisherige oder künftige Laufzeit oder den erreichten Sparverdienst der Bausparverträge und über die Höhe der Bausparsummen mit der Maßgabe, daß Verträge über niedrigere Summen und mit besseren Zuteilungsaussichten den Vorrang haben. Gewährt eine Bank oder eine Sparkasse den Vor- oder Zwischenfinanzierungskredit, wird dem Bausparer die Tatsache des gesonderten Vertrages deutlicher als bei bausparkasseneigenen Krediten dieser Art.

2. Volle Verzinsung

Der Bausparer muß für das Voraus- oder Zwischendarlehen Zinsen zahlen. Das gilt insbesondere für den Teil der Bausparsumme, der bereits angespart ist. Man kann insoweit das vorzeitige Darlehen nicht mit dem Bausparguthaben verrechnen oder die Zinsen für das Voraus- oder Zwischendarlehen um die Guthabenzinsen kürzen.

Manche Bausparer deuten das so, als müßten sie ihr eigenes Geld verzinsen. Das Mißverständnis liegt darin, daß der Charakter des Zusatzvertrages nicht gewürdigt wird, der die tarifliche Verzinsung des Bausparguthabens und den Ablauf des Bausparvertrages bis zu seiner Zuteilung unberührt läßt. Lediglich indirekt (unbar) werden die Zinsen für den Vor- oder Zwischenfinanzierungskredit durch die Guthabenzinsen auf dem Bausparkonto gemindert.

3. Konditionen

Die Höhe der Zinssätze für Voraus- und Zwischendarlehen ist von der allgemeinen Kapitalmarktlage abhängig. Dabei ist entweder für die ganze Kreditlaufzeit bis zur Zuteilung oder für eine bestimmte Zeit von beispielsweise 2 oder 4 Jahren ein fester Zinssatz in der zum Zeitpunkt des Kreditangebots gültigen Höhe zu entrichten oder es wird überhaupt ein Gleitzins mit Anpassungsmöglichkeit an veränderte Marktverhältnisse vereinbart.

Zu den Konditionen rechnen auch die Auszahlungskurse. Diese liegen bei Zwischendarlehen wegen ihrer relativ kurzen Laufzeit durchweg bei oder knapp unter 100%. Für die etwas länger laufenden Vorausdarlehen muß häufig ein beträchtliches Disagio hingenommen werden.

Im übrigen ist zu beachten, daß sich ein eventuelles Abgeld auf die volle Bausparsumme bezieht. In seltenen Fällen wird das Disagio ganz oder teilweise gegen die später fällig werdende Darlehensgebühr in Höhe von 2% oder 3% des Nettoanfangs-Bauspardarlehens verrechnet. In der Auswirkung kommt es einem Disagio gleich, wenn eine Bearbeitungs- oder ähnlich genannte Gebühr für das Voraus- oder Zwischendarlehen zu entrichten ist oder dem Darlehenskonto belastet wird.

4. Ablösung durch die Bausparsumme

Voraus- und Zwischendarlehen sind nur zu verzinsen, nicht laufend zu tilgen. Sie werden vielmehr durch die zugeteilte Bausparsumme abgelöst, also durch das Eigenkapital des Bausparers in Höhe des Bausparguthabens einschließlich der kapitalisierten Zinsen und das Bauspardarlehen in Höhe des restlichen Betrags. Anschließend sind die Tilgungsbeiträge für Verzinsung und Tilgung des Bauspardarlehens zu leisten.

Ein einfaches Zahlenbeispiel soll demonstrieren, wie sich die Ablösung eines Voraus- oder Zwischendarlehens durch die Bausparsumme eines zugeteilten Bausparvertrages vollzieht.

Beträgt die Bausparsumme des Vertrages, der nach einem Standardtarif mit 40%igem Mindestguthaben abgeschlossen worden ist,	100 000 DM,
der Zinssatz für das Voraus- oder Zwischendarlehen	7%,
so beläuft sich der Jahreszinsbetrag auf	7000 DM.
Im Zuteilungszeitpunkt soll sich das Bausparguthaben einschließlich der bis dahin gutgeschriebenen Zinsen auf stellen.	42 000 DM
Daraus errechnet sich ein Nettoanfangs-Bauspardarlehen von	58 000 DM,
die 2%ige Darlehensgebühr von	1160 DM
und somit das Bruttoanfangs-Bauspardarlehen von	59 160 DM.
Wenn nach den Bausparbedingungen ein Tilgungsbeitrag von der Bausparsumme zu entrichten ist,	6‰
so ergibt sich mithin die gleichbleibende Monatsrate für Verzinsung und Tilgung zu	600 DM
und die Annuität zu	7200 DM.

Im Beispielsfall verbleibt die Zahlungsverpflichtung nach der Zuteilung in der gleichen Größenordnung wie in der Vor- oder Zwischenfinanzierungszeit.

Hat die Bausparkasse selbst das Voraus- oder Zwischendarlehen gewährt, so findet bei der Zuteilung überhaupt keine Geldbewegung statt. Die Ablösung vollzieht sich unbar. Ist ein anderes Kreditinstitut der Geldgeber gewesen, so fließt die Bausparsumme dorthin, nicht aber an den Bausparer, der Mittel in Höhe der Bausparsumme bereits vorzeitig erhalten hatte; lediglich seine Zahlungen gehen von der Zuteilung ab als Tilgungsbeiträge an die Bausparkasse, vorher als Zinsen für das Vorausoder Zwischendarlehen an die Bank.

5. *Darlehensgeber*

Kreditgeber einer Voraus- und Zwischenfinanzierung ist häufig die Bausparkasse selbst. Dem Bausparer ist dies am angenehmsten, weil er es dann nur mit einem Gläubiger zu tun hat. Darüber hinaus kann die Bausparkasse zuweilen auch etwas günstigere Konditionen einräumen als ein anderes Kreditinstitut. Dazu trägt bei, daß die Bausparkassen einen (allerdings begrenzten) Teil der noch nicht in Bauspardarlehen angelegten Bauspareinlagen in Voraus- und Zwischendarlehen hinauslegen können. Außerdem setzen die Bausparkassen Eigen- und Fremdgeld hierfür ein. Auch daraus ergibt sich, daß Voraus- und Zwischenfinanzierungen durch Bausparkassen nicht unbegrenzt möglich sind.

Das Voraus- oder Zwischendarlehen kann jedoch auch von einem anderen Kreditinstitut stammen. Alle Bausparkassen arbeiten mehr oder weniger eng mit Banken und Sparkassen zusammen. Häufig vollzieht sich die Vermittlung eines Bankdarlehens durch die Bausparkassen in einem vereinfachten Verfahren. Dabei nimmt die Bausparkasse die Beleihungsprüfung vor, läßt die zur dinglichen Sicherung erforderliche Grundschuld schon auf ihren Namen eintragen (mit vorübergehender privatschriftlicher Abtretung an die Bank) und gibt die Valutierung des Zwischenkredits durch die Bank frei.

In diesem Zusammenhang sei erwähnt, daß, gleichgültig, wer Geldgeber des Voraus- oder Zwischendarlehens ist, das Bausparguthaben zur Sicherung mit herangezogen werden kann, indem die Rechte aus dem Bausparvertrag an den Gläubiger des Zwischenkredits abgetreten werden. Die grundbuchliche Sicherung bezieht sich nur auf die restliche Bausparsumme, das sind im Falle eines Zwischendarlehens auf einen Bausparvertrag, der ein 40%iges Mindestsparguthaben vorsieht und aufweist, 60% der Bausparsumme, im Falle eines Vorausdarlehens zu einem gerade erst abgeschlossenen und folglich noch nicht besparten Bausparvertrag 100% der Bausparsumme.

Selbstverständlich kann sich der Bausparer auch eine freie Zwischenfinanzierung bei seiner Hausbank selbst besorgen. Die Banken und Sparkassen sind zu solchen freien Zwischenfinanzierungen, insbesondere bei ihren Kunden, und zu ganz ähnlichen Bedingungen wie bei dem eingespielten Vermittlungsverfahren bereit. Sie legen jedoch Wert darauf, daß die Bausparkasse, die auf nachrangige Wohnungsbaukredite spezialisiert ist, eine Vorprüfung auf die Beleihbarkeit des Objekts vornimmt und die Unterbringung des eigentlichen Darlehens (Differenz zwischen Bausparsumme und Bausparguthaben) im Rahmen von 80% des Beleihungswertes bestätigt.

III. Unterschiede von Voraus- und Zwischendarlehen

Eine Vorfinanzierung liegt vor, wenn der zugrunde liegende Bausparvertrag das tarifliche Mindestsparguthaben noch nicht aufweist. Der Bausparer ist dann gehalten, in der Vorausdarlehenszeit weitere Sparbeiträge zu leisten. Im Falle von Zwischendarlehen, die in der Praxis weitaus überwiegen, muß das Bausparguthaben wenigstens das bedingungsgemäße Mindestsparguthaben erreichen, zuweilen aber auch als Voraussetzung für die Zwischenfinanzierung einen darüber hinausgehenden Betrag von etwa 50% statt 40% der Bausparsumme, damit die Ablösung durch die Zuteilung in einer kürzeren Zeitspanne zu erwarten ist. Bei Zwischendarlehen wird die Weiterzahlung von Sparbeiträgen nur vereinzelt verlangt. Wenn das Mindestguthaben angespart ist, ist die Laufzeit des Bausparvertrages bis zur Zuteilung nur noch eine Zeitfrage, bis eventuell die Mindestsparzeit abgelaufen und vor allem die Bewertungszahl ausreichend hoch ist.

Zwischendarlehen überbrücken die Laufzeit des Bausparvertrages bis zur Zuteilung. Häufig geht es dabei nur um wenige Monate, je nach Entwicklung des Bausparvertrages jedoch auch um längere Zeitspannen. Offensichtlich ergibt sich je Bauspartarif die längstmögliche Laufzeit eines Zwischenkredits bei einem Bausparvertrag, der unmittelbar nach Vertragsabschluß mit dem Mindestsparguthaben aufgefüllt und sofort zwischenfinanziert wird. Dann liegt eine Sofortfinanzierung vor. Bei den meisten, insbesondere den größeren Bausparkassen beträgt die Laufzeit eines solchen schnell angesparten Bausparvertrages bis zur Zuteilung gegenwärtig etwa 4 Jahre, wenn sofort bei Vertragsabschluß 40% der Bausparsumme eingelegt werden. Bei Schnelltarifen mit 50%igem Mindestsparguthaben liegt diese Laufzeit heute ungefähr bei 2 bis 3 Jahren.

Vorausdarlehen laufen wegen des noch erforderlichen Ansparvorgangs sogar länger als Zwischendarlehen. Es können sich Vorfinanzierungszeiten bis zu 8 Jahren und mehr ergeben. Wenn der Bausparer, dessen Vertrag nach einem Normaltarif abgeschlossen worden ist, beispielsweise nur den Regelsparbeitrag von monatlich 4‰ bis 4,2‰, das sind jährlich rd. 5% der Bausparsumme, zahlt, braucht er rd. 7 bis 7,5 Jahre, bis er das 40%ige Mindestguthaben erreicht.

Für Vorausdarlehen sind meist etwas höhere Zinsen zu entrichten als für Zwischendarlehen. Überdies ist, wie schon erwähnt, durchweg ein höheres Disagio hinzunehmen, das jedoch den Kredit deshalb nicht so stark verteuert, weil es sich auf einen längeren Zeitraum verteilt.

Ein Vorteil des Vorausdarlehens besteht darin, daß der Bausparer bis zur Zuteilung der Bausparsumme für seine Bausparbeiträge ggfs. Steuer- und Prämienbegünstigungen ausnutzen kann. Das führt im Falle der Steuerermäßigung durch den Sonderausgabenabzug oder der Arbeitnehmer-Sparzulage bei vermögenswirksamen Leistungen zu einer merklichen Senkung der Zahlungsverpflichtungen des Bausparers, im Falle der Wohnungsbauprämie, wenn sie noch, wie bei Vertragsabschlüssen vor 1992, alljährlich dem Bausparkonto zufließen, zu einer Beschleunigung des Ansparprozesses und einer Erhöhung der Zuteilungschancen, in jedem Fall jedoch zu einer Verbesserung des gesamten Finanzierungsablaufs. Bei zwischenfinanzierten Bausparverträgen hingegen scheiden die staatlichen Sparhilfen überwiegend aus (wenn man von den Zinsgutschriften auf dem Bausparkonto und den etwa noch entrichteten Sparbeiträgen absieht), weil die oft in beträchtlicher Höhe erforderliche Auffüllung des Bausparguthabens die begünstigten Höchstsparleistungen bei weitem übersteigt.

Neuerdings gibt es Sonderformen von Vorausdarlehen, die durch zwei oder mehr hintereinandergeschaltete Bausparverträge abgelöst werden. Die Bausparsumme des ersten Vertrages beläuft sich nur auf einen Teil des Vorausdarlehens. Entsprechend vermindern sich der Bausparbeitrag und die Zahlungsverpflichtung. Nach Zuteilung des ersten Bausparvertrages wird der zweite abgeschlossen und angespart usw. Die Laufzeitverlängerung zugunsten des Bausparers setzt natürlich voraus, daß der Geldgeber zu einer so langen – eventuell 15 bis 20 Jahre überschreitenden – Valutierung der weiteren Teile des Vorausdarlehens bereit und in der Lage ist.

IV. Die Effektivverzinsung von Voraus- und Zwischendarlehen

Sind die preisbestimmenden Faktoren des vorzeitigen Kredits bis zur Zuteilung des Bausparvertrages unveränderbar, so kann der effektive Jahreszins aufgrund der Laufzeit bis zum voraussichtlichen Zuteilungszeitpunkt berechnet werden. Handelt es sich um einen vorzeitigen Kredit ohne oder mit einer nur begrenzten Zinsfestschreibungszeit, die voraussichtlich vor dem Zuteilungstermin endet, so ist der Effektivzinssatz als anfänglicher effektiver Jahreszins zu bezeichnen (vgl. auch die Broschüre des Verfassers »Effektive Jahreszinsen für Festdarlehen im Versicherungs- und Bauspargeschäft. Tabellen mit Formeln und Kommentaren«, Verlag Versicherungswirtschaft, Karlsruhe, 1985).

Die Tabellen 16 und 17 enthalten Übersichten der nach der Zinsstaffelmethode berechneten Effektivzinssätze von Zwischen- und Vorausdarlehen. Dabei ist generell unterstellt, daß die monatlichen Zinsraten jeweils am Ende eines Monats (monatlich nachschüssig) zu entrichten sind und daß die Nominalzinssätze 6%, 7% usw. bis 12% betragen. Die Auszahlungskurse sind für Vorausdarlehen mit 100%, 99%, 98%, 95% und 92%, für Zwischendarlehen mit 100%, 99%, 98%, 97% und 95% variiert. Dabei ist zu beachten, daß sehr niedrige Auszahlungskurse in der Praxis nur bei längeren Laufzeiten vorkommen. Die Laufzeiten, die natürlich nur geschätzt und nicht garantiert werden können, sind bei Vorausdarlehen im Jahresabstand zwischen 6 und 9 Jahren, bei Zwischendarlehen zwischen 1 und 5 Jahren abgestuft. Im Falle der 100%igen Auszahlung resultiert die Differenz zwischen effektivem und nominellem Zinssatz allein aus der Tatsache der monatlichen Zinsratenzahlung.

Im übrigen ist zu bemerken, daß sich die Tabellen 16 und 17 unter gleichen Voraussetzungen hinsichtlich Nominalzinssatz und Auszahlungskurs zeitlich nahtlos aneinander anschließen. Beispielsweise läßt sich für 8%ige Nominalzinsen und 98%ige Auszahlungskurse folgender Verlauf feststellen:

Laufzeit in Jahren	Effektiver Jahreszins %
1	10,60
2	9,49
3	9,13
4	8,94
5	8,84
6	8,76
7	8,71
8	8,68
9	8,65

Literaturverzeichnis

Bundesgeschäftsstelle Landesbausparkasse, Bonn, (Herausgeber): Bausparkassen-Fachbuch (erscheint seit 1981).

Degner, J./Röher, A.: Die Bausparkassen, Fritz Knapp Verlag, Frankfurt am Main, 6. Auflage 1986, 144 Seiten.

Institut für Städtebau, Wohnungswirtschaft und Bausparwesen (Herausgeber): Vergünstigungen für Bausparer, Haus- und Wohnungseigentümer, Domus-Verlag, 25. Auflage 1992, Bonn, 301 Seiten.

Krahn, A.: Technik des deutschen Bausparens, Selbstverlag der Bausparkasse GdF Wüstenrot, Ludwigsburg, 1955, 123 Seiten.

Laux, H.: Die Bausparfinanzierung. Die finanziellen Aspekte des Bausparvertrages als Spar- und Kreditinstrument, Verlagsgesellschaft Recht und Wirtschaft mbH, Heidelberg, 6. Auflage 1992, 228 Seiten.

– Vorsorgeaufwendungen 1993. Arbeitnehmer-Information über die Vorsorgepauschale und die verbleibenden Möglichkeiten des steuerwirksamen Sonderausgabenabzugs von Versicherungs- und Bausparbeiträgen, Betriebs-Berater 1993, Beilage zu Heft 12.

– Die Zwischenfinanzierung von Bausparverträgen, Verlagsgesellschaft Recht und Wirtschaft mbH, Heidelberg, 5. Auflage 1980, 129 Seiten.

– Grundzüge der Bausparmathematik, Heft 8 der Schriftenreihe Angewandte Versicherungsmathematik der Deutschen Gesellschaft für Versicherungsmathematik, Verlag Versicherungswirtschaft, Karlsruhe, 1978, 102 Seiten.

– Das kollektive Bausparen. Neuere Untersuchungen und zusammenfassende Darstellung zur Technik und Mathematik des deutschen Bausparens, Verlagsgesellschaft Recht und Wirtschaft mbH, Heidelberg, 1973, 352 Seiten.

– Fortgeschrittene Bauspartechnik, Verlagsgesellschaft Recht und Wirtschaft mbH, Heidelberg, 1985, 232 Seiten.

– Effektive Jahreszinsen für Festdarlehen im Versicherungs-

und Bauspargeschäft. Tabellen mit Formeln und Kommentaren, Verlag Versicherungswirtschaft e. V., Karlsruhe, 1985, 91 Seiten.

– Bauspartarife, Heft 20 der Schriftenreihe Angewandte Versicherungsmathematik der Deutschen Gesellschaft für Versicherungsmathematik, Verlag Versicherungswirtschaft, Karlsruhe, 1988, 121 Seiten.

– Das novellierte Fünfte Vermögensbildungsgesetz, Verlagsgesellschaft Recht und Wirtschaft mbH, Heidelberg, 1989, 223 Seiten.

Lehmann, W./Schäfer, O./Cirpka, E.: Bausparkassengesetz und Bausparkassenverordnung. Kommentar, Domus-Verlag, Bonn, 4. Auflage 1992, 673 Seiten.

Schäfer, O./Cirpka, E.: Bausparkassengesetz und Bausparkassenverordnung, Textausgabe mit Kurzanmerkungen zu den Neuerungen und zu den Amtlichen Begründungen, Domus-Verlag, Bonn, 1991, 136 Seiten.

Verband der Privaten Bausparkassen, Bonn, (Herausgeber): Privates Bausparwesen (erscheint jährlich).

Tabellenanhang ▶

Tabelle 1 (Seite 1)

Allgemeine Tarifmerkmale der Bausparfarife deutscher Bausparkassen (Stand Anfang 1993)

Bausparkasse	Modell der Darlehens-ver-zinsung[1]	Bewertungszahl-		Zuteilungs-			Til-gungs-be-ginn[11]	Ratensenkung möglich bei Sonder-tilgung		Automatische Risikoversich.	
		stich-tage[3]	Be-rech-nungs-art[4]	ver-fahr-ren[5]	peri-oden[6]	ter-mine[9]		abs.	rel.	bis Eintr.-alter	Höchst-vers.-summe
(1)	(2)	(3)	(4)	(5)	(6)	(7)	(8)	(9)	(10)	(11)	(12)
							Mon.	DM	%	Jahre	TDM
I. Private Bausparkassen											
Aachener Bausparkasse AG	Q[2]	Q	HSS	B	Kal.-qu.	monatl.	1/10	1.000	20[15]	59	25
HUK Coburg-Bausparkasse AG	30	Q	Zins.	B	Kal.-qu.	monatl.	1/4	2.000	10[16]	55[17]	200[18]
Deutsche Bausparkasse AG	Q	Q	Zuw.	a	Kal.-qu.	monatl.	1/6	2.000	10[16]	55	200[16]
Colonia Bausparkkasse AG	Q	M/S	HSS	B	Kal.-hj.	monatl.	1/6	1.000	10[16]	60	120[18]
Deutsche Bank Bauspar AG	Q[2]	Q	Zuw.	a	Kal.-qu.	monatl.	1/4	2.000	20[16]	54[17]	150[18]
Dresdner Bauspar AG	30	Q	Misch.	a	Kal.-qu.	monatl.	1/3	1.000	20[15]	55	200[18]
Quelle Bauspar AG	30	M/S	Misch.	A	Kal.-hj.	monatl.	1/6	1.000	20[15]	–	–
Deutscher Ring Bausparkasse AG	30	Q	HSS	a	Kal.-qu.	monatl.	1/3	1.000	10[16]	–	–
Iduna Bausparkasse AG	Q	J/D	Zuw.	a	1.10.-31.3. 1. 4.-30.9.	monatl.	1/6	1.000	10[16]	59[17]	200[18]
BHW Allgemeine Bausparkasse AG	30	Q	HSS	a	Kal.-qu.	monatl.	0[12]	5.000	10[15]	59	200[18]
BHW Bausparkasse AG	30	Q	HSS	a	Kal.-qu.	monatl.	0[12]	5.000	10[15]	60	225[18]
Badenia Bausparkasse AG	Q	M/S	Zuw.	a	Kal.-hj.	monatl.	1/10	1.000	20[15]	60	100[19]
Debeka Bausparkasse AG	Q	M/S	Zuw.	a	Kal.-hj.	zwei-monatl.	1/6	2.000	20[15]	59[17]	120
Leonberger Bausparkasse AG	30	Mon.	HSS	a	Kal.-mo.	monatl.	1/6	2.000	20[15]	60	200
Bausparkasse GdF Wüstenrot	Q	Q	HSS	a	Kal.-qu.	monatl.	1/12	1.000	10[16]	59	200[18, 20]
Bausparkasse Mainz AG	30	M/S	HSS	a	Kal.-hj.	zwei-monatl.	1/12	1.000	20[15]	55	150
Heimstatt Bausparkasse AG	30	Q	HSS	B	Kal.-qu.	monatl.	1/6	2.000	10[16]	60	200
mh Bausparkasse AG	30	Q	Zins.	B	Kal.-qu.	monatl.	1/6	2.000	10[15]	59	200[18]
Vereinsbank Victoria Bauspar AG	30	Mon.	Zins.	B.	Kal.-mo.	monatl.	1/6	2.000	10[15]	–	–
Alte Leipziger Bausparkasse AG	Q	Mon.	Zins.	a	Kal.-mo.	monatl.	1/12	5.000	10[16]	60[17]	150
Bausparkasse Schwäbisch Hall AG	Q[2]	Q	Zins.	B	Kal.-qu.	monatl.	1/10	1.000	20[15]	55[17]	90[18]
II. Öffentlich-rechtliche Bausparkassen											
LBS Berlin	30	Q	Misch.	a	Kal.-qu.	–[10]	1/6	1.000	20[15]	–	–
LBS Bremen	30	Q	Misch.	A	Kal.-qu.	–	1/4	1.000	20[15]	–	–
LBS Hessen-Thüringen	30	Q	Misch.	a	–[7]	–	1/4	1.000	20[15]	60[17]	300[18]
Öffentliche Bausparkasse Hamburg	30	Q	Misch.	A	Kal.-qu.	–	1/13	1.000	20[15]	–	–
LBS Hannover	30	Q	Misch.	A	Kal.-qu.	–	1	1.000	20[15]	–	–
Badische LBS	30	J/D	Misch.	B	1.10.-31.3. 1. 4.-30.9.	–	1/4	1.000	20[15]	55[17]	200[18]

Tabelle 1 (Seite 2)

Allgemeine Tarifmerkmale der Bauspartarife deutscher Bausparkassen
(Stand Anfang 1993)

Bausparkasse	Modell der Darlehens-ver-zinsung[1]	Bewertungszahl-stichtage[3]	Be-rech-nungs-art[4]	Zuteilungs-			Til-gungs-be-ginn[11]	Ratensenkung möglich bei Sondertilgung		Automatische Risikoversich.	
				ver-fahr-ren[5]	peri-oden[6]	ter-mine[9]		abs.	rel.	bis Eintr.-alter	Höchst-vers.-summe
(1)	(2)	(3)	(4)	(5)	(6)	(7)	(8)	(9)	(10)	(11)	(12)
							Mon.	DM	%	Jahre	TDM
LBS Schleswig-Holstein	30	M/S	Misch.	A	Kal.-hj.	–	1/6	1.000	20[15]	–	–
LBS Rheinland-Pfalz	30	M/S	Misch.	A	Kal.-hj.	–	1/3	1.000	20[15]	55[17]	150[18]
Bayerische LBS	30	Q	Misch.	A	–[8]	monatl.	1/13[13]	1.000	20[15]	–	–
LBS Münster/ Düsseldorf	30	M/S	Misch.	A	Kal.-hj.	–	1/4	1.000	20[15]	55[17]	150[18]
Ostdeutsche LBS	30	M/S	Misch.	A	Kal.-hj.	–	1/6	1.000	20[15]	–	–
LBS Saarbrücken	30	M/S	Misch.	A	Kal.-hj.	–	1/4	5.000	20[15]	–	–
LBS Württemberg	30	J/D	Misch.	B	1.10.-31.3. 1. 4.-30.9.	–	–[14]	1.000	20[15]	–	–

[1] 30: 30-Tage-Methode; Q: Quartalsmodell der Darlehensverzinsung.

[2] Alternativ: Zinsberechnung nach der 90-Tage-Methode gegen Erhöhung des Nominal-zinssatzes um 0,25 Prozentpunkte.

[3] J/D: 30.6./31.12.; M/S: 31.3./30.9.; Q: Quartalsenden; Mon.: Monatsletzte.

[4] HSS: Habensaldensummen-Methode; Zuw.: Zuwachsmethode; Zins.: Zinsmethode; Misch.: Berechnung aus den Guthaben und den Zinsen (Mischformel).

[5] a: automatisches Zuteilungsverfahren; A: Antragsverfahren; B: Befragungsverfahren.

[6] Kal.-hj.: Kalenderhalbjahre; Kal.-qu.: Kalenderquartale; Kal.-mo.: Kalendermonate.

[7] 1.3.-31.5.; 1.6.-31.8.; 1.9.-30.11.; 1.12.-28./29.2.

[8] 1.8.-31.10.; 1.11.-31.1.; 1.2.-30.4.; 1.5.-31.7.

[9] In den ABB der meisten öffentlich-rechtlichen Bausparkassen nicht genannt.

[10] 31.5.; 31.8.; 30.11.; 28./29.2.

[11] Tilgungsbeginn 1 Monat nach Vollauszahlung, spätestens 3, 4, 6, 9, 10, 12 bzw. 13 Monate nach Beginn der Darlehensauszahlung.

[12] Die Tilgung beginnt mit der Darlehensauszahlung; bei der Auszahlung in Teilbeträgen mit der Auszahlung des ersten Teilbetrages.

[13] Bei Vollauszahlung nach dem 10. eines Monats ist der erste Tilgungsbeitrag am übernächsten Monatsersten fällig.

[14] Die Tilgung beginnt am 1. des Monats, der einen Monat nach vollständiger oder teilweiser Auszahlung des Bauspardarlehens folgt.

[15] Vom Restdarlehen.

[16] Vom Anfangsdarlehen.

[17] Rechnungsmäßiges Alter, d.h. Unterschied zwischen dem Beginnjahr der Versicherung und dem Geburtsjahr des Bausparers.

[18] Im Einzelfall kann die Bausparkasse auf Antrag des Bausparers eine höhere Versicherungssumme nehmen.

[19] Bei einem Eintrittsalter ab 55 Jahren 60.000 DM.

[20] Bei einem Eintrittsalter ab 46 Jahren 150.000 DM.

Tabelle 2 (Seite 1)

Tarifmerkmale des Sparstadiums bei allen Bauspartarifen deutscher Bausparkassen
(Stand Januar 1993)

Bausparkasse	Tarif	Charak-teristik[1]	Mindest-bau-spar-summe	Abschluß-gebühr	Regel-spar-beitrag	Gut-ha-ben-	Dar-le-hens-	Karenz-zeit
				zu Bausparsumme		zinssatz jährlich		
(1)	(2)	(3)	(4)	(5)	(6)	(7)	(8)	(9)
			DM	%	‰	%	%	Monate
I. Private Bausparkassen								
Aachener Bausparkasse AG	F	N	8000	1,6	4,2	2,5	4,5[12]	12
	N	Op(H)	8000	1,6	3,5	2,5 + 1,5	6[12]	12
	N	Op(N)	8000	1,6	3,5	2,5	4,5[12]	12
	N	D(Op(N))	8000	1,6	3,5	2,5	3,5[12]	12
	T	St	8000	1	4,2	3	5[12]	12
HUK-Coburg Bausparkasse AG	W	Op(N)	10000	1	6	2	4	12
	W	Op(M)	10000	1	5	3	5	12
	W	Op(H)	10000	1	4	4	6	12
Deutsche Bausparkasse AG	I	N	4000	1	4,4	2,5	4,5	12
	I	D(N)	4000	1	4,4	2,5	3,5	12
	II	St	4000	1	4	3	5	12
	II	D(St)	4000	1	4	3	4	12
	III	N	4000	1,6	4	2,5	4,5	12
	III	D(N)	4000	1,6	4	2,5	3,5	12
	IV	Op(H)	4000	1,6	3,5	4	6	12
	IV	D(Op(H))	4000	1,6	3,5	4	4,75	12
	IV	Op(N)	4000	1,6	3,5	2,5	4,5	12
	IV	D(Op(N))	4000	1,6	3,5	2,5	3,5	12
Colonia Bausparkasse AG	LA	St	10000	1	4	3	5	0[16]
	LA	D(St)	10000	1	4	3	4	0[16]
	RT	N	10000	1,6	4	2,5	4,5	0[16]
	RT	D(N)	10000	1,6	4	2,5	3,5	0[16]
	ZA	Op(H)	10000	1,6	3,5	4[9]	6	0[16]
	ZA	Op(M)	10000	1,6	3,5	3[9]	5,25	0[16]
	ZA	Op(N)	10000	1,6	3,5	2[9]	4,25	0[16]
	ZA	D(Op(N))	10000	1,6	3,5	2[9]	3,25	0[16]
Deutsche Bank Bauspar AG	A	Op(N)	10000	1	5	2,5	4,5[12]	0[17]
	A	Op(N)	10000	1	5	2,5+0,5[10]	5[12]	0[17]
	A	Op(H)	10000	1	5	2,5+1,5[10,11]	6[12]	0[17]
	A	D(Op(N))	10000	1	5	2,5	2,95-4,35[12]	0[17]
	A	D(Op(M))	10000	1	5	2,5+0,5[10]	3,25-4,85[12]	0[17]
	A	D(Op(H))	10000	1	5	2,5+1,5[10,11]	5,50-5,90[12]	0[17]
	D	St	10000	1,6[3]	5	3	5[12]	0[17]
	D	D(St)	10000	1,6[3]	5	3	3,8-4,8[12]	0[17]
Dresdner Bauspar AG	F10	N	5000	1	4	2	4	9
	F20	St	5000	1	4	2,5	4,5	9
	F30	K	5000	1	5	2	4	9
	S40	Op(N)	5000	1	5	3	5	9
	S50	Op(H)	5000	1	5	3 + 1	6	9
	S60	Op(N)	5000	1	5	3	5	9
Quelle Bauspar AG	Q1	St	5000	1	5	3	5	18
Deutscher Ring Bausparkasse AG	C	Op(H)	6000	1,6	3,5	2,5 + 1,5	6	0[16]
	C	D(Op(N))	6000	1,6	3,5	2,5	3,95	0[16]
	D	St	6000	1,6	5	2,75	5	0[16]
	D	D(St)	6000	1,6	5	2,75	4	0[16]

147

Tabelle 2 (Seite 2)

Tarifmerkmale des Sparstadiums bei allen Bauspartarifen deutscher Bausparkassen
(Stand Januar 1993)

Bausparkasse	Tarif	Charakteristik[1]	Mindest-bau-spar-summe	Abschluß-gebühr	Regel-spar-beitrag	Gutha-ben-	Dar-le-hens-	Karenz-zeit
					zu Bausparsumme	zinssatz jährlich		
(1)	(2)	(3)	(4)	(5)	(6)	(7)	(8)	(9)
			DM	%	‰	%	%	Monate
Iduna Bausparkasse AG	T2	St	10000	1	4	3	5	12
	T2	D(St)	10000	1	4	3	4	12
	TK	K	10000	1	10	3	5	12
	IWS	Op(M)	10000	1[4]	4	3	5	12
	IWS	Op(N)	10000	1[4]	4	2,5	5	12
BHW Allgemeine Bausparkasse AG	A3	St	5000	1	5	3	5	12[16]
	D	Op(H)	5000	1	3	4	5	12[16]
	D	Op(M)	5000	1	3	3	5	12[16]
	D	Op(N)	5000	1,6	3	2	4/2,25[12]	12[16]
	2003	H	5000	1,6	4,2	4	6	12[16]
BHW Bausparkasse AG	B1	K	5000	1[5]	10	3	5	12[16]
	D	Op(H)	5000	1[6,7]	3	4	5	12[16]
	D	Op(M)	5000	1[6,7]	3	3	5	12[16]
	D	Op(N)	5000	1,6	3	2	4/2,25[12]	12[16]
Badenia Bausparkasse AG	T I	N	3000	1,6	4,17	2,5	4,5	12
	T I	D(N)	3000	1,6	4,17	2,5	3,5	12
	T II	St	3000	1	4,2	3	5	12
	T II	D(St)	3000	1	4,2	3	4	12
	T III	Op(H)	3000	1,6	3,5	4	6	12
	T III	D(Op(H))	3000	1,6	3,5	4	5	12
	T III	Op(N)	3000	1,6	3,5	2,5	4,5	12
	T III	D(Op(N))	3000	1,6	3,5	2,5	3,5	12
Debeka Bauspar AG		St	6000	1	3	3	5	0
Leonberger Bausparkasse AG	LW	Op(M)	8000	1,6	3	2,25	4,5	0
	LW	D(Op(M))	8000	1,6	3	2,25	4,0-2,75	0
	LW	Op(H)	8000	1,6	3	2,25	5,0-5,75[13]	0
	LW	D(Op(H))	8000	1,6	3	2,25	5,25-3,25[13]	0
	LW	Op(N)	8000	1,6	3	2,25	1,5-4,0[14]	0
Bausparkasse GdF Wüstenrot	2	St	5000	1[5]	4,2	3	5	12
	5	L	5000	1,6[5]	3	4	5,5	12
	7	Op(H)	5000	1[5]	5	2,5 + 2[10]	6,4	12
	7	Op(M)	5000	1[5]	5	2,5 + 1[10]	5,5	12
	7	Op(N)	5000	1[5]	5	2,5	4,6	12
Bausparkasse Mainz AG	A	N	3000	1,6	4	2,5	4,5	0[17,18]
	A	D(N)	3000	1,6	4	2,5	3,5	0[17,18]
	B	St	3000	1	4	3	5	0[17,18]
	B	D(St)	3000	1	4	3	4	0[17,18]
	C	N	3000	1	4	2,5	4,5	0[17,18]
	D	Op(H)	3000	1,6	3,5	4	6	0[17,18]
	D	D(Op(N))	3000	1,6	3,5	2,5	3,5	0[17,18]
Heimstatt Bauspar AG	L	St	6000	1	5	4	6	12
	L	D(St)	6000	1	5	4	5	12
	Plus	Op(H)	6000	1,6	3,5	4	6	12
	Plus	D(Op(H))	6000	1,6	3,5	4	5	12
	Plus	Op(N)	6000	1,6	3,5	2,5	4,5	12
	Plus	D(Op(N))	6000	1,6	3,5	2,5	3,5	12

Tabelle 2 (Seite 3)
Tarifmerkmale des Sparstadiums bei allen Bauspartarifen deutscher Bausparkassen (Stand Januar 1993)

Bausparkasse	Tarif	Charakteristik[1]	Mindestbausparsumme	Abschlußgebühr	Regelsparbeitrag	Guthabenzinssatz jährlich	Darlehenszinssatz jährlich	Karenzzeit
(1)	(2)	(3)	(4)	(5)	(6)	(7)	(8)	(9)
			DM	%	‰	%	%	Monate
				zu Bausparsumme	zu Bausparsumme			
mh Bausparkasse AG	1	Op(M)	5000	1	5	3	5	12
	1	D(Op(M))	5000	1	5	3	4	12
	2	Op(N)	5000	1,6	5	2,25	4,5	12
	2	D(Op(N))	5000	1,6	5	2,25	3,5	12
	3	Op(H)	5000	1,6	5	4	6	12
	3	D(Op(H))	5000	1,6	5	4	5	12
Vereinsbank Victoria Bauspar AG	1	Op(N)	5000	1,6	4	2,5	4,5	6
	1	D(Op(N))	5000	1,6	4	2,5	3,5	6
	2	Op(M)	5000	1	4	3	5	6
	2	D(Op(M))	5000	1	4	3	4	6
	3	Op(H)	5000	1	4	4	6	6
	3	D(Op(H))	5000	1	4	4	5	6
Alte Leipziger Bausparkasse AG	F	Op(M)	5000	1	5	3	5	12
	F	D(Op(M))	5000	1	5	3	4	12
	F	Op(N)	5000	1	5	2,5	4,5	12
	F	D(Op(N))	5000	1	5	2,5	3,5	12
	H	Op(H)	5000	1,6	3,5	4	6	12
	H	D(Op(H))	5000	1,6	3,5	4	5	12
	H	Op(N)	5000	1,6	3,5	2,5	4,5	12
	H	D(Op(N))	5000	1,6	3,5	2,5	3,5	12
Bausparkasse Schwäbisch Hall	F	Op(M)	5000	1	5	3	5	12
	F	Op(H)	5000	1	5	3 + 1[10]	6	12
	F	D(Op(M))	5000	1	5	3	4,5	12
	F	D(Op(H))	5000	1	5	3 + 1[10]	5,5	12
	N	N	4000	1	5	2,5	4,5	12
	N	D(N)	4000	1	5	2,5	3,5	12
	N	D(N)	4000	1	5	2,5	3,25	12
II. Öffentlich-rechtliche Bausparkassen								
LBS Berlin	Cl	N	5000	1	4	2,5	4,5	18
	V1	Op(N)	5000	1	7	2,5	4,5	18
	V2	Op(M)	5000	1	4	2,5 + 0,5[10]	5	18
	V3	Op(H)	5000	1	4	2,5 + 1,5[10]	6	18
LBS Bremen	Cl	N	5000	1	4	2,5	4,5	0[17]
	V1	Op(N)	5000	1	7	2,5	4,5	0[17]
	V2	Op(M)	5000	1	4	2,5 + 0,5[10]	5	0[17]
	V3	Op(H)	5000	1	4	2,5 + 1,5[10]	6	0[17]
LBS Hessen-Thüringen	Cl	N	5000	1	4	2,5	4,5	0[17]
	E-Cl	N	10000	1	4[8]	2	4	0[17]
	V1	Op(N)	5000	1	7	2,5	4,5	0[17]
	V2	Op(M)	5000	1	4	2,5 + 0,5[10]	5	0[17]
	V3	Op(H)	5000	1	3	2,5 + 1,5[10]	6	0[17]
Öffentliche Bausparkasse Hamburg	Cl	N	5000	1	4	2,5	4,5	0
	V1	Op(N)	5000	1	7	2,5	4,5	0
	V2	Op(M)	5000	1	4	2,5 + 0,5[10]	5	0
	V3	Op(H)	5000	1	4	2,5 + 1,5[10]	6	0

Tabelle 2 (Seite 4)
Tarifmerkmale des Sparstadiums bei allen Bauspartarifen deutscher Bausparkassen
(Stand Januar 1993)

Bausparkasse	Tarif	Charak-teristik[1]	Min-dest-bau-spar-summe	Ab-schluß-gebühr	Regel-spar-beitrag	Gut-ha-ben-	Dar-le-hens-	Karenz-zeit
					zu Bausparsumme	zinssatz jährlich		
(1)	(2)	(3)	(4)	(5)	(6)	(7)	(8)	(9)
			DM	%	‰	%	%	Monate
LBS Hannover/ Braunschweig	1	St	5000	1	4	3	5	0
	1	D(St)	5000	1	4	3	3,75	0
	2	N	5000	1	4	2,5	4,5	0
	2	D(N)	5000	1	4	2,5	3,25	0
	3	K	5000	1	7	2,5	4	0
	4	Op(N)	5000	1	3	2,5	4,5	0
	4	Op(H)	5000	1	3	2,5 + 1,5[10]	6	0
Badische LBS	Cl	N	5000	1	4	2,5	4,5	0
	V1	Op(N)	5000	1	7	2,5	4,5	0
	V2	Op(M)	5000	1	4	2,5 + 0,5[10]	5	0
	V3	Op(H)	5000	1	3	2,5 + 1,5[10]	6	0
LBS Schleswig-Holstein	Cl	N	5000	1	4	2,5	4,5	0[15]
	V1	Op(N)	5000	1	7	2,5	4,5	0[15]
	V2	Op(M)	5000	1	4	2,5 + 0,5[10]	5	0[15]
	V3	Op(H)	5000	1	3	2,5 + 1,5[10]	6	0[15]
LBS Rheinland-Pfalz	Cl	N	5000	1	4	2,5	4,5	0[16]
	m. Vers.	M	10000[2]	1	5	3,5	5,5	0[16]
	V1	Op(N)	5000	1	7[8]	2,5	4,5	0[16]
	V2	Op(M)	5000	1	4	2,5 + 0,5[10]	5	0[16]
	V3	Op(H)	5000	1	4	2,5 + 1,5[10]	6	0[16]
Bayerische LBS	Cl	N	5000	1	4	2,5	4,5	0
	V1	Op(N)	5000	1	9	2,5	4,5	0
	V2	Op(M)	5000	1	4	2,5 + 0,5[10]	5	0
	V3	Op(H)	5000	1	3	2,5 + 1,5[10]	6	0
LBS Münster/ Düsseldorf	Cl	N	5000	1	4	2,5	4,5	0[16]
	Vario-Plus	M	10000	1	5	3,5	5,5	0[16]
	V1	Op(N)	5000	1	7[8]	2,5	4,5	0[16]
	V2	Op(M)	5000	1	4	2,5 + 0,5[10]	5	0[16]
	V3	Op(H)	5000	1	4	2,5 + 1,5[10]	6	0[16]
Ostdeutsche LBS	Cl	N	5000	1	4	2,5	4,5	0[15]
	V1	Op(N)	5000	1	7	2,5	4,5	0[15]
	V2	Op(M)	5000	1	4	2,5 + 0,5[10]	5	0[15]
	V3	Op(H)	5000	1	4	2,5 + 1,5[10]	6	0[15]
LBS Saarbrücken	Cl	N	5000	1	4	2,5	4,5	0[15]
	V1	Op(N)	5000	1	7	2,5	4,5	0[15]
	V2	Op(M)	5000	1	4	2,5 + 0,5[10]	5	0[15]
	V3	Op(H)	5000	1	4	2,5 + 1,5[10]	6	0[15]
LBS Württemberg	Cl	N	5000	1[5]	4	2,5	4,5	0[16]
	Cl	D(N)	5000	1[5]	4	2,5	3,5	0[16]
	V1	Op(N)	5000	1[5]	7	2,5	4,5	0[16]
	V2	Op(M)	5000	1[5]	4	2,5 + 0,5[10]	5	0[16]
	V3	Op(H)	5000	1[5]	4	2,5 + 1,5[10]	6	0[16]

Fußnoten zu Tabelle 2

[1] D: Disagiovariante; H: Hochzinsvariante; K: Kurzzeit- bzw. Schnelltarif, L: Langzeittarif; M: Mittellaufzeittarif bzw. Mittelzinsvariante; N: Niedrigzinstarif bzw. -variante; Op: Optionstarif; St: Standardtarif

[2] Höchstbausparsumme 300.000 DM

[3] Mit Anrechnung auf Folgevertrag bei Darlehensverzicht sowie gebührenfreie Erhöhungsmöglichkeit um 60%

[4] Auf Wunsch 1,6%, dann nach Ablauf von 2 Jahren, vor Ablauf von 7 Jahren kostenlose Erhöhung bis zu 100 % der Ursprungssumme

[5] Bei Vertragsbeginn ist hierauf eine Vorauszahlung in gleicher Höhe zu leisten, die einem Sonderkonto als Unverzinsliche Einlage gutgeschrieben wird. Der Anspruch auf die Abschlußgebühr entsteht mit der ersten Auszahlung des zugeteilten Bauspardarlehens.

[6] Bei Vertragsbeginn ist hierauf eine Vorauszahlung in gleicher Höhe zu leisten, die einem Sonderkonto als Verzinsliche Einlage gutgeschrieben wird. Der Anspruch auf die Abschlußgebühr entsteht mit der ersten Auszahlung des zugeteilten Bauspardarlehens.

[7] Keine Rückerstattung; bei Darlehensverzicht und Ermäßigung kann aber die für den aufgegebenen Teil der Bausparsumme gezahlte Abschlußgebühr auf einen Neuvertrag angerechnet; bei Vertragskündigung kann zusätzlich eine Gebühr von bis zu 1% der Bausparsumme erhoben werden.

[8] Hierin ist der Beitrag für eine Ansparversicherung enthalten.

[9] Treueprämie von 30% der Basiszinsen nach Ablauf von 10 Jahren.

[10] Bonus, der nicht zum Bausparguthaben gehört, sondern jährlich auf einem Sonderkonto gutgeschrieben wird. Der Bonus wird nicht außerhalb der Bausparsumme ausgezahlt, sondern bei Ende der Verzinsung dem Bausparkonto gutgeschrieben.

[11] Nur bei gleichzeitiger Wahl des niedrigsten Bewertungszahlfaktors

[12] Alternativ: vierteljährliche Zinsverrechnung bei taggenauer Berücksichtigung aller Zahlungseingänge (Tilgungsbeiträge) und der Belastungen (90-Tage-Methode der Zinsverrechnung) gegen Erhöhung des Nominalzinssatzes um 0,25%; bei der Deutschen Bank Bauspar AG monatliche Zinsverrechnung (30-Tage-Methode) als Alternative.

[13] Der Darlehenszinssatz kann auf 2,25% gesenkt werden, wenn der Bausparer auf die Guthabenzinsen verzichtet.

[14] Der Bausparer kann eine Verkürzung der Sparzeit gegen eine Erhöhung des Darlehenszinssatzes oder alternativ gegen einen Verzicht auf die Guthabenverzinsung erreichen.

[15] Es sind Optionen auf niedrigere Darlehenszinssätze bei verlängerter Sparzeit möglich (ohne Disagiovarianten). Ferner kann – bei ebenfalls verlängerter Sparzeit – ein Bauspardarlehen bis zum Eineinhalbfachen des Bausparguthabens zugeteilt werden.

[16] Es wird die bisherige Vertragslaufzeit neu ermittelt a) bei Zusammenlegung als gewogenes Mittel der Einzelverträge, b) bei Erhöhung durch Herabsetzung im Verhältnis der bisherigen zur neuen Bausparsumme.

[17] Der Vertragsbeginn des ältesten der zusammengelegten Verträge gilt als Vertragsbeginn des neuen Vertrages. Bei der Deutschen Bank Bauspar AG: Kürzung der Bewertungszahl um 1/10 bei Zusammenlegung und Erhöhung.

[18] Zuteilung jedoch frühestens in der Zuteilungsperiode, die dem nächstfolgenden Bewertungsstichtag zugeordnet ist.

[19] Als neuer Vertragsbeginn gilt a) bei Zusammenlegung das Abschlußdatum des jüngsten Vertrages, b) bei Erhöhung das Datum der Annahme des Erhöhungsantrags.

Tabelle 3

Einkommensgrenzen nach dem Wohnungsbau-Prämiengestz (WoPG) und dem Fünften Vermögensbildungsgesetz (5. VermBG) sowie zugehörige Bruttojahres-Arbeitsentgelte; Höchstsparleistungen sowie Höchstprämien nach dem WoPG und Arbeitnehmer-Sparzulagen nach dem 5. VermBG

An-zahl der Kinder[1]	Zu ver-steuern-des Ein-kom-	Einkommensgrenzen im Sparjahr				Höchst-spar-leistung	Prä-mien-pro-zent-satz	Höchst-prä-mie	Vermö-gens-wirksa-me Lei-stungen maximal	Arbeitnehmer-sparzulage	
		Bruttojahres-Arbeitsentgelt[2]									
		Allgemeine Lohnsteuertabelle		Besondere[3]						Prozent-satz	Betrag
		Alte Bundesländer[4]	Neue[4] Bundesländer	Alte Bundesländer[4]	Neue[4] Bundesländer		nach dem WoPG				
(1)	(2)	(3)	(4)	(5)	(6)	(7)	(8)	(9)	(10)	(11)	(12)
	DM	DM	DM	DM	DM	DM	%	DM	DM	DM	DM

I. Alleinstehende

0	27.000	33.618	34.136	31.106	31.706	800	10	80	936	10	93,60
1[5]	27.000	43.196	43.796	41.306	41.906	800	10	80	936	10	93,60
2[5]	27.000	47.780	48.380	45.890	46.490	800	10	80	936	10	93,60
3[5]	27.000	52.364	52.964	50.474	51.074	800	10	80	936	10	93,60
1[6]	27.000	41.144	41.744	39.254	39.854	800	10	80	936	10	93,60
2[6]	27.000	43.676	44.276	41.786	42.386	800	10	80	936	10	93,60
3[6]	27.000	46.208	46.808	44.318	44.918	800	10	80	936	10	93,60
1[7]	27.000	35.372	35.918	33.158	33.758	800	10	80	936	10	93,60
2[7]	27.000	37.154	37.700	35.210	35.810	800	10	80	936	10	93,60
3[7]	27.000	39.152	39.752	37.262	37.862	800	10	80	936	10	93,60

II. Verheiratete[8] (1. Arbeitnehmer)

0	54.000	65.450	66.562	60.212	61.412	1.600	10	160	936	10	93,60
1	54.000	69.068	70.106	64.316	65.516	1.600	10	160	936	10	93,60
2	54.000	72.632	73.650	68.420	69.620	1.600	10	160	936	10	93,60
3	54.000	76.358	77.558	72.524	73.724	1.600	10	160	936	10	93,60
4	54.000	80.462	81.662	76.628	77.828	1.600	10	160	936	10	93,60
5	54.000	84.566	85.766	80.732	81.932	1.600	10	160	936	10	93,60
6	54.000	88.670	89.870	84.836	86.036	1.600	10	160	936	10	93,60

III. Verheiratete[8] (2. Arbeitnehmer)

0	54.000	67.237	68.272	62.212	63.412	1.600	10	160	1.872	10	187,20
1	54.000	70.798	71.836	66.316	67.516	1.600	10	160	1.872	10	187,20
2	54.000	74.325	75.454	70.420	71.620	1.600	10	160	1.872	10	187,20
3	54.000	78.358	79.558	74.524	75.724	1.600	10	160	1.872	10	187,20

[1] Kinder, die zu Beginn des Kalenderjahres der Sparleistung das 17. Lebensjahr noch nicht vollendet haben.

[2] Sofern nicht andere positive oder negative Einkünfte vorliegen oder Aufwendungen, die über die Pauschbeträge für Werbungskosten, Sonderausgaben und Kinderbetreuungskosten oder über die Versorgungspauschalen hinausgehen bzw. abziehbare außergewöhnliche Belastungen, Ausbildungsfreibeträge o. ä. geltend gemacht werden können. Infolge des 1993 auslaufenden Tariffreibetrags nach § 32 Abs. 8 EStG für Arbeitnehmer in den neuen Bundesländern von 600 DM bei Alleinstehenden und 1.200 DM bei Verheirateten erhöhen sich die Bruttojahres-Arbeitsentgelte bei Wohnsitz oder Überwiegen der Tätigkeit im Beitrittsgebiet durchweg um 600 DM bzw. 1.200 DM, für niedri-

152

ge Arbeitslohn-Grenzbeträge infolge der niedrigeren Vorsorgepauschale in der allgemeinen Lohn-steuertabelle etwas weniger.

[3] Gilt für den in §10 Abs. 3 EStG genannten Personenkreis nichtrentenversicherungspflichtiger Arbeitnehmer, bei denen die Vorsorgepauschale gekappt ist, unter III ist angenommen, daß beide Ehegatten diesem Personenkreis angehören.

[4] Gilt für Arbeitnehmer, die entweder einen Wohnsitz im Beitrittsgebiet haben oder in den Lohnzahlungszeiträumen überwiegend dort tätig sind.

[5] Gilt für Alleinstehende, die mit dem Kind eine Höchstbetragsgemeinschaft nach dem WoPG bilden und den vollen Kinderfreibetrag von 4.104 DM pro Kind erhalten.

[6] Gilt für Ledige, Geschiedene und dauernd getrennt lebende Verheiratete, denen das Kind zugeordnet ist, wenn der andere Elternteil seinen Unterhaltsverpflichtungen nachkommt.

[7] Gilt für Personen (»Zahlväter«), die mit keinem Kind eine Höchstbetragsgemeinschaft nach dem WoPG bilden, aber einen halben Kinderfreibetrag erhalten.

[8] Bei der Wohnungsbauprämie unter der Voraussetzung, daß die beiden Ehegatten nach §26 EStG zur Einkommensteuer zusammenveranlagt werden oder, falls eine Veranlagung nicht durchgeführt wird, die Voraussetzungen nach §26 Abs. 1 EStG erfüllt sind.

Tabelle 4 (Seite 1)

Kontoabläufe von Bausparverträgen über eine Bausparsumme von 20.000 DM nach der Hochzinsvariante des Wüstenrot-Optionstarifs bei unterschiedlicher Besparung und 10%igen Wohnungsbauprämien nach 7 Jahren aus Sparleistungen von maximal 1.600 DM jährlich

Tag der Wert-stellung	Buchungsvorgang	Last-schrift	I. Zahlung nur des Regelsparbeitrags von 100 DM monatlich		II. Jahressparbeitrag 1.600 DM einschließl. Guthabenzinsen		III. Jährliche Spar-leistung von gleich-bleibend 1.800 DM	
			Gutschrift	Saldo	Gutschrift	Saldo	Gutschrift	Saldo
(1)	(2)	(3)	(4)	(5)	(6)	(7)	(8)	(9)
		DM	DM	DM	DM	DM	DM	DM
31. 1.01	Kontogebühr	15,–		- 15,–		- 15,–		- 15,–
	Unverzinsl. Einlage	200,–		- 215,–		- 215,–		- 215,–
	Einzahlung		100,–	- 115,–	133,33	- 81,67	150,–	- 65,–
28. 2.01	Einzahlung		100,–	- 15,–	133,33	51,66	150,–	85,–
31. 3.01	Einzahlung		100,–	85,–	133,33	184,99	150,–	235,–
30. 4.01	Einzahlung		100,–	185,–	133,33	318,32	150,–	385,–
31. 5.01	Einzahlung		100,–	285,–	133,33	451,65	150,–	535,–
30. 6.01	Einzahlung		100,–	385,–	133,33	584,98	150,–	685,–
31. 7.01	Einzahlung		100,–	485,–	133,33	718,31	150,–	835,–
31. 8.01	Einzahlung		100,–	585,–	133,33	851,64	150,–	985,–
30. 9.01	Einzahlung		100,–	685,–	133,33	984,97	150,–	1.135,–
31.10.01	Einzahlung		100,–	785,–	133,33	1.118,30	150,–	1.285,–
30.11.01	Einzahlung		100,–	885,–	133,33	1.251,63	150,–	1.435,–
31.12.01	Einzahlung		100,–	985,–	119,79	1.371,42	150,–	1.585,–
31.12.01	Guthabenzinsen		9,09	994,09	13,85	1.385,–	15,83	1.600,83
1. 1.02	Kontogebühr	15,–		979,09		1.370,–		1.585,83
1. 6.02	Sparbeiträge		600,–	1.579,09	799,98	2.169,98	900,–	2.485,85
30. 6.02	Prämienantragsgebühr	3,–		1.576,09		2.166,98		2.482,83
07.12.02	Sparbeiträge		600,–	2.176,09	747,47	2.914,45	900,–	3.382,83
31.12.02	Guthabenzinsen		38,19	2.214,28	52,55	2.967,–	60,23	3.443,06
1. 1.03	Kontogebühr	15,–		2.199,28		2.952,–		3.428,06
1. 6.03	Sparbeiträge		600,–	2.799,28	799,98	3.751,98	900,–	4.328,06
30. 6.03	Prämienantragsgebühr	3,–		2.796,28		3.748,98		4.325,06
7.12.03	Sparbeiträge		600,–	3.396,28	707,92	4.456,90	900,–	5.225,06
31.12.03	Guthabenzinsen		68,69	3.464,97	92,10	4.549,–	106,29	5.331,35
1. 1.04	Kontogebühr	15,–		3.449,97		4.534,–		5.316,25
1. 6.04	Sparbeiträge		600,–	4.049,97	799,98	5.333,98	900,–	6.216,35
30. 6.04	Prämienantragsgebühr	3,–		4.046,97		5.330,98		6.213,35
7.12.04	Sparbeiträge		600,–	4.646,97	668,27	5.999,35	900,–	7.113,35
31.12.04	Guthabenzinsen		99,69	4.746,93	131,65	6.131,–	153,50	7.266,85
1. 1.05	Kontogebühr	15,–		4.731,93		6.116,–		7.251,85
1. 6.05	Sparbeiträge		600,–	5.331,93	799,98	6.915,98	900,–	8.151,85
30. 6.05	Prämienantragsgebühr	3,–		5.328,93		6.912,98		8.148,85
7.12.05	Sparbeiträge		600,–	5.928,93	628,90	7.541,88	900,–	9.048,85
31.12.05	Guthabenzinsen		132,01	6.060,94	171,12	7.713,–	201,88	9.250,73
1. 1.06	Kontogebühr	15,–		6.045,94		7.698,–		9.235,73
1. 6.06	Sparbeiträge		600,–	6.645,94	799,98	8.497,98	900,–	10.135,73
30. 6.06	Prämienantragsgebühr	3,–		6.642,94		8.494,98		10.132,73
7.12.06	Sparbeiträge		600,–	7.242,94	589,44	9.084,42	900,–	11.032,73
31.12.06	Guthabenzinsen		164,86	7.407,80	210,58	9.295,–	251,48	11.284,21
1. 1.07	Kontogebühr	15,–		7.392,80		9.280,–		11.269,21
1. 6.07	Sparbeiträge		600,–	7.992,80	799,98	10.079,98	900,–	12.169,21
30. 6.07	Prämienantragsgebühr	3,–		7.989,90		10.076,98		12.166,21
7.12.07	Sparbeiträge		600,–	8.589,80	549,97	10.626,95	900,–	13.066,21
31.12.07	Guthabenzinsen		198,53	8.788,33	250,05	10.877,–	302,32	13.368,53

Tabelle 4 (Seite 2)

Kontoabläufe von Bausparverträgen über eine Bausparsumme von 20.000 DM nach der Hochzinsvariante des Wüstenrot-Optionstarifs bei unterschiedlicher Besparung und 10%igen Wohnungsbauprämien nach 7 Jahren aus Sparleistungen von maximal 1.600 DM jährlich

Tag der Wertstellung	Buchungsvorgang	Lastschrift	I. Zahlung nur des Regelsparbetrags von 100 DM monatlich		II. Jahressparbeitrag 1.600 DM einschließl. Guthabenzinsen		III. Jährliche Sparleistung von gleichbleibend 1.800 DM	
			Gutschrift	Saldo	Gutschrift	Saldo	Gutschrift	Saldo
(1)	(2)	(3)	(4)	(5)	(6)	(7)	(8)	(9)
		DM	DM	DM	DM	DM	DM	DM
1. 1.08	Kontogebühr	15,–		8.773,33		10.862,–		13.353,53
1. 1.08	Zinsbonus und Univerzinsl. Einlage		769,06	9.542,39	937,30	11.799,30	1.073,22	14.426,75
1. 1.08	Wohnungsbauprämie für 1 bis 7 Jahr[1]	2,69	900,25	10.439,68	1.106,17	12.902,51	1.106,17	15.529,96
1. 1.08	Wohnungsbauprämie für 8. Jahr[2]	2,89	54,92	10.491,71	71,11	12.970,73	84,22	15.611,29
	Nebenrechnung: 8 Jahresleistungen							
1. 1.08	Sparbeitrag		1.200	11.691,71	862,70	13.833,43	1.800,–	17.411,29
1. 1.08	Wohnungsbauprämie für 8. Jahr[2]		99,25	11.790,96	83,06	13.916,49	69,95	17.481,24

[1]Gutschrift Valuta 30. 6.08, mit 2,5 % abgezinst auf den 1. 1.08
[2]Gutschrift Valuta 30. 6.09, mit 2,5 % abgezinst auf den 1. 1.08

Tabelle 5
Kapitalvermehrung und Rendite im 7-Jahreszeitraum
bei Bausparverträgen nach der Hochzinsvariante des Wüstenrot-Optionstarifs
aus Zinsen, Zinsbonus, unverzinslicher Einlage
und 10 %-igen Wohnungsbauprämien am Sparzeitende
im Falle von 7 oder 8 Jahressparleistungen

Bauspar-beiträge insgesamt	Wohnungsbauprämien maximal pro Jahr	Wohnungsbauprämien insgesamt	Guthaben-zinsen einschl. Zinsbonus	Gebühren-belastungen[1]	Endgut-haben nach 7 Jahren[2]	Guthabenzuwachs aus Zinsen und Prämien abzügl. Gebühren abs.	rel.	Ren-dite
(1)	(2)	(3)	(4)	(5)	(6)	(7)	(8)	(9)
DM	DM	DM	DM	DM	DM	DM	%	%
A. Sieben Jahressparleistungen								
I. Zahlung des Regelsparbeitrags von 50 DM bzw. 100 DM monatlich								
1. Alleinstehende (Bausparsumme 10.000 DM)								
4.200,00	80,00	476,66	629,14	143,85	5.161,95	961,95	22,9	5,9
2. Verheiratete (Bausparsumme 20.000 DM)								
8.400,00	160,00	955,17	1.280,39	143,85	10.491,71	2.091,71	24,9	6,4
II. Jahresparbeitrag 800 DM bzw. 1.600 DM abzüglich Guthabenzinsn								
1. Alleinstehende (Bausparsumme 10.000 DM)								
5.145,08	80,00	588,16	818,86	143,85	6.408.25	1.263,17	24,6	6,1
2. Verheiratete (Bausparsumme 20.000 DM)								
10.298,37	160,00	1.177,28	1.638,93	143,85	12.970,73	2.672,36	25,9	6,4
III. Jährlicher Sparbetrag von gleichbleibend 900 DM bzw. 1800 DM								
1. Alleinstehende (Bausparsumme 10.000 DM)								
6.300,00	80,00	594,72	971,24	143,85	7.722,11	1.422,11	22,6	5,9
2. Verheiratete (Bausparsumme 20.000 DM)								
12.600,00	160,00	1.190,39	1.964,75	143,85	15.611,29	3.011,29	23,9	6,2
B. Acht Jahressparleistungen								
I. Zahlung des Regelsparbeitrags von 50 DM bzw. 100 DM monatlich								
1. Alleinstehende (Bausparsumme 10.000 DM)								
4.800,00	80,00	526,77	629,14	143,85	5.812,06	1.1012,06	21,1	6,2
2. Verheiratete (Bausparsumme 20.000 DM)								
9.600,00	160,00	1.054,42	1.280,39	143,85	11.790,96	2.190,96	22,8	6,7
II. Jahresbeitrag 800 DM bzw. 1.600 DM abzüglich Guthabenzinsen								
1. Alleinstehende (Bausparsumme 10.000 DM)								
5.581,14	80,00	630,18	818,86	143,85	6.886,33	1.305,19	23,4	6,3
2. Verheiratete (Bausparsumme 20.000 DM)								
11.161,07	160,00	1.260,34	1.638,93	143,85	13.916,49	2.755,42	24,7	6,6
III. Jährlicher Sparbeitrag von gleichbleibend 900 DM bzw. 1.800 DM								
1. Alleinstehende (Bausparsumme 10.000 DM)								
7.200,00	80,00	630,18	971,24	143,85	8.657,57	1.457,57	20,2	6,0
2. Verheiratete (Bausparsumme 20.000 DM)								
14.400,00	160,00	1.260,34	1.964,75	143,85	17.481,24	3.081.24	21,4	6,3

[1] Ohne die zu Beginn des 8. Jahres wieder gutgeschriebene Unverzinsliche Einlage.

[2] Einschließlich der Unverzinslichen Einlage und der abgezinsten noch ausstehenden Wohnungsbauprämien.

Tabelle 6
Sonderausgaben-Höchstbeträge für Vorsorgeaufwendungen ab 1993

Vorwegabzug für Versicherungsbeiträge	Grundhöchstbetrag	Hälftiger Höchstbetrag	Insgesamt aufzuwendende Sonderausgaben		steuerwirksame
	für alle Vorsorgeaufwendungen		nur Bausparbeitrag[1]	nur Versicherungsbeitrag	
(1)	(2)	(3)	(4)	(5)	(6)
A. Alleinstehende (Einzelveranlagung)					
I. Ungekürzter Vorwegabzug[2]					
6.000	2.610	2.610	16.440	11.220	9.915
II. Vollständig ausgezehrter Vorwegabzug[3]					
–	2.610	2.610	10.440	5.220	3.915
B. Verheiratete (Zusammenveranlagung)					
I. Ungekürzter Vorwegabzug[2]					
12.000	5.220	5.220	32.880	22.440	19.830
II. Vollständig ausgezehrter Vorwegabzug[3]					
–	5.220	5.220	20.880	10.440	7.830

[1] Im Rahmen des Grundhöchstbetrags und des hälftigen Höchstbetrags
[2] Im wesentlichen bei freiberuflichen und selbständig Tätigen
[3] Bruttojahres-Arbeitsentgelte rentenversicherungspflichtiger Arbeitnehmer ab 37.500 DM (Alleinstehende) und 75.000 DM (Verheiratete)

Tabelle 7
Guthabenzuwachs und Rendite beim vermögenswirksamen Bausparen.
Vorzeitige Auszahlung des Bausparguthabens innerhalb der
siebenjährigen Bindungsfrist bei wohnungswirtschaftlicher Verwendung.
Bausparvertrag nach der Hochzinsvariante des Wüstenrot-Optionstarifs mit
78,– DM monatlich nachschüssig gezahlten vermögenswirksamen Leistungen

Sparjahre	Brutto-sparleistungen insgesamt	Netto-sparleistungen insgesamt	Endguthaben[1]	Guthabenzuwachs		Rendite[2]
				absolut	relativ	
(1)	(2)	(3)	(4)	(5)	(6)	(7)
	DM	DM	DM	DM	%	%
3	2.808	2.527,20	2.994,78	467,58	18,5	11,1
4	3.744	3.369,60	4.081,12	711,52	21,1	9,4
5	4.680	4.212,00	5.213,34	1.001,34	23,8	8,4
6	5.616	5.054,40	6.392,57	1.338,17	26,5	7,7
7	6.552	5.896,80	7.620,01	1.723,21	29,2	7,2
8	7.488	6.739,20	8.896,86	2.157,66	32,0	6,8

[1] Zum 31. 12. des letzten Sparjahres ohne Berücksichtigung der Gebühren des Bausparvertrages.
[2] Unter Einrechnung der Arbeitnehmer-Sparzulage von 10% = 93,60 DM, vom Finanzamt gezahlt oder verrechnet per 30. 6. des Kalenderjahres nach der vermögenswirksamen Leistung, die letzte Sparzulage mit der Rendite auf den 31. 12. des letzten Sparjahres abgezinst.

Tabelle 8 (Seite 1)

Wichtigste tarifabhängige Merkmale des Zuteilungsstadiums aller deutschen Bauspartarife (Stand Januar 1993)

Bausparkasse	Tarif	Charakteristik[1]	Mindestsparzeit	Mindestguthaben	Mindest-Bewertungszahl	Faktor	Bereitstellungszinsen[18] ab	Höhe	Kürzungsbetrag[22]
(1)	(2)	(3)	(4)	(5)	(6)	(7)	(8)	(9)	(10)
			Monate	%			Monate	%	‰
I. Private Bausparkassen									
Aachener Bausparkasse AG	F	N	18[2]	40	5,6	1	2	3	6
	N	Op(H)	30[2]	50	5,6	1	2	3	7
	N	Op(N)	18[2]	50	5,6	1,4	2	3	7
	N	D(Op(N))	18[2]	50	5,6	1,4	2	3	7
	T	St	18[2]	40	5,6	1	2	3	6
HUK-Coburg Bausparkasse AG	W	Op(N)	–	50	153	8	2	3	5
	W	Op(M)	–	50	153	4	2	3	5
	W	Op(H)	–	50	153	2	2	3	5
Deutsche Bausparkasse AG	I	N	–	40	6,1	1[9]	2	3[20]	6,35
	I	D(N)	–	40	6,1	1[9]	2	3[20]	6,35
	II	St	–	40	6,1	1[9]	2	3[20]	6
	II	D(St)	–	40	6,1	1[9]	2	3[20]	6
	III	N	–	40	6,1	1[9]	2	3[20]	6
	III	D(N)	–	40	6,1	1[9]	2	3[20]	6
	IV	Op(H)	18[3]	50	6,8	1,7	2	3[20]	6-3,3
	IV	D(Op(H))	18[3]	50	6,8	1,7	2	3[20]	6-3,3
	IV	Op(N)	18[3]	50	6,8	1,7	2	3[20]	6-3,3
	IV	D(Op(N))	18[3]	50	6,8	1,7	2	3[20]	6-3,3
Colonia Bausparkasse AG	LA	St	24[4]	40	2,8	1	2	2,5	5
	LA	D(St)	24[4]	40	2,8	1	2	2,5	5
	RT	N	24[4]	40	2,8	1	2	2,5	5
	RT	D(N)	24[4]	40	2,8	1	2	2,5	5
	ZA	Op(H)	24[4]	50	3,4	1,7	2	2,5	5
	ZA	Op(M)	24[4]	50	3,4	1,7	2	2,5	5
	ZA	Op(N)	24[4]	50	3,4	1,7	2	2,5	5
	ZA	D(Op(N))	24[4]	50	3,4	1,7	2	2,5	5
Deutsche Bank Bauspar AG	A	Op(N)	–	50	3150	5[10]	2	3	5
	A	Op(M)	–	50	3150	5[10]	2	3	5
	A	Op(H)	–	50	3150	5[10]	2	3	5
	A	D(Op(N))	–	50	3150	5[10]	2	3	5
	A	D(Op(M))	–	50	3150	5[10]	2	3	5
	A	D(Op(H))	–	50	3150	5[10]	2	3	5
	D	St	–	50	3150	4,9	2	3	5
	D	D(St)	–	50	3150	4,9	2	3	5
Dresdner Bauspar AG	F 10	St	–	40	150	35	2	3	5
	F 20	N	–	40	150	27	2	3	5
	F 30	K	–	50	150	60	2	3	5
	S 40	Op(N)	–	50	150	14	2	3	5
	S 50	Op(H)	–	50	150	14[11]	2	3	5
	S 60	Op(N)	–	50	150	24	2	3	5
Quelle Bauspar AR	Q 1	St	18[3]	50	180	10	6	2	4
Deutscher Ring Bausparkasse AG	C	Op(H)	22[5]	50	6	1,7	2	2	5
	C	D(Op(N))	22[5]	50	6	1,7	2	2	5
	D	St	–	45	6	1	2	2	5
	D	D(St)	–	45	6	1	2	2	5

Tabelle 8 (Seite 2)
Wichtigste tarifabhängige Merkmale des Zuteilungsstadiums aller deutschen Bauspartarife (Stand Januar 1993)

Bausparkasse	Tarif	Charakteristik[1]	Mindestsparzeit	Mindestsparguthaben	Mindest-Bewertungszahl	Faktor	Bereitstellungszinsen[18] ab	Höhe	Kürzungsbetrag[22]
(1)	(2)	(3)	(4)	(5)	(6)	(7)	(8)	(9)	(10)
			Monate	%			Monate	%	‰
Iduna Bausparkasse AG	T 2	St	–	40	2,4	1	1	1/3[21]	6
	T 2	D(St)	–	40	2,4	1	1	1/3[21]	6
	TK	K	24[5]	50	2,4	1,2	1	1/3[21]	6
	IWS	Op(M)	–	50	3,3	1	1	4	6
	IWS	Op(N)	–	50	3,3	1	1	4	6
BHW Allgemeine Bausparkasse AG	A3	St	–	40	28	5	1	3	–
	D	Op(H)	–	50[7]	38	8,5[12]	1	3	–
	D	Op(M)	–	50[7]	38	8,5[12]	1	3	–
	D	Op(N)	–	50[7]	38	8,5[12]	1	3	–
	2003	H	–	50	38	5	1	3	–
BHW Bausparkasse AG	B1	K	–	45	45	15	2	3	–
	D	Op(H)	–	50[7]	45	10[12]	2	3	–
	D	Op(M)	–	50[7]	45	10[12]	2	3	–
	D	Op(N)	–	50[7]	45	10[12]	2	3	–
Badenia Bausparkasse AG	T I	N	18[2]	40	2,4	1	2	2,5	1
	T I	D(N)	18[2]	40	2,4	1	2	2,5	1
	T II	St	18[2]	40	2,4	1	2	2,5	1
	T II	D(St)	18[2]	40	2,4	1	2	2,5	1
	T III	Op(H)	24[5]	50	3,4	1,7	2	2,5	1
	T III	D(Op(H))	24[5]	50	3,4	1,7	2	2,5	1
	T III	Op(N)	24[5]	50	3,4	1,7	2	2,5	1
	T III	D(Op(N))	24[5]	50	3,4	1,7	2	2,5	1
Debeka Bausparkasse AG		St	18[2]	40	2400	1000	–	–	5
Leonberger Bausparkasse AG	LW	Op(M)	22[6]	50	–	0,4-1,4[13]	2	3	3-8
	LW	D(Op(M))	22[6]	50	–	0,4-1,4[13]	2	3	3-8
	LW	Op(H)	22[6]	50	–	0,4-1,4[13]	2	3	3-8
	LW	D(Op(H))	22[6]	50	–	0,4-1,4[13]	2	3	3-8
	LW	Op(N)	22[6]	50	–	0,4-1,4[13]	2	3	3-8
Bausparkasse GdF Wüstenrot	2	St	–	40	180	30	2	3	6
	5	L	–	50	200	20[14]	2	4	4
	7	Op(H)	–	50	240	40[15]	2	3,5	4-8
	7	Op(M)	–	50	240	40[15]	2	3,5	4-8
	7	Op(N)	–	50	240	40[15]	2	3,5	4-8
Bausparkasse Mainz AG	A	N	18[3]	40	3,15	1[16]	2	2,5	4
	A	D(N)	18[3]	40	3,15	1[16]	2	2,5	4
	B	St	18[3]	40	3,15	1[16]	2	2,5	4
	B	D(St)	18[3]	40	3,15	1[16]	2	2,5	4
	C	N	18[3]	40	3,15	1[16]	2	2,5	4
	D	Op(H)	18[3]	50	3,4	1,7	2	2,5	4
	D	D(Op(N))	18[3]	50	3,4	1,7	2	2,5	4
Heimstatt Bauspar AG	L	St	18[2]	45	6,7	1,2	2	4	5
	L	D(St)	18[2]	45	6,7	1,2	2	4	5
	Plus	Op(H)	18[2]	50	6,8	1,5[14]	2	2,5	5
	Plus	D(Op(H))	18[2]	50	6,8	1,5[14]	2	2,5	5
	Plus	Op(N)	18[2]	50	6,8	1,5[14]	2	2,5	5
	Plus	D(Op(N))	18[2]	50	6,8	1,5[14]	2	2,5	5

Tabelle 8 (Seite 3)

Wichtigste tarifabhängige Merkmale des Zuteilungsstadiums aller deutschen Bauspartarife (Stand Januar 1993)

Bausparkasse	Tarif	Charakteristik[1]	Mindestsparzeit	Mindestguthaben	Mindest-Bewertungszahl	Faktor	Bereitstellungszinsen[18] ab	Höhe	Kürzungsbetrag[22]
(1)	(2)	(3)	(4)	(5)	(6)	(7)	(8)	(9)	(10)
			Monate	%			Monate	%	‰
mh Bausparkasse AG	1	Op(M)	–	40	18	0,7[17]	2	3	5
	1	D(Op(M))	–	40	18	0,7[17]	2	3	5
	2	Op(N)	–	40	17,5	0,9[17]	2	2,25	5
	2	D(Op(N))	–	40	17,5	0,9[17]	2	2,25	5
	3	Op(H)	–	50	30	1[17]	2	4	5
	3	D(Op(H))	–	50	30	1[17]	2	4	5
Vereinsbank Victoria Bauspar AG	1	Op(N)	–	45	23	1,2	2	2,5-4	4
	1	D(Op(N))	–	45	23	1,2	2	2,5-4	4
	2	Op(M)	–	45	23	1	2	2,5-4	4
	2	D(Op(M))	–	45	23	1	2	2,5-4	4
	3	Op(H)	–	45	23	0,75	2	2,5-4	4
	3	D(Op(H))	–	45	23	0,75	2	2,5-4	4
Alte Leipziger Bausparkasse AG	F	Op(M)	–	40	34	0,8	2	3	5
	F	D(Op(M))	–	40	34	0,8	2	3	5
	F	Op(N)	–	40	34	0,96	2	3	5
	F	D(Op(N))	–	40	34	0,96	2	3	5
	H	Op(H)	–	50	41	1,44	2	3	5
	H	D(Op(H))	–	50	41	1,44	2	3	5
	H	Op(N)	–	50	41	0,9	2	3	5
	H	D(Op(N))	–	50	41	0,9	2	3	5
Bausparkasse Schwäbisch Hall	F	Op(M)	–	50	44	1-1,8[13]	2	3	6
	F	Op(H)	–	50	44	1	2	3	6
	F	D(Op(M))	–	50	44	1-1,8[13]	2	3	6
	F	D(Op(H))	–	50	44	1	2	3	6
	N	N	–	40	40	1,2	2	2,5	5
	N	D(N)	–	40	40	1,2	2	2,5	5
	N	D(N)	–	40	40	1,2	2	2,5	5
II. Öffentlich-rechtliche Bausparkassen									
LBS Berlin	Cl	N	18[4]	40	217	12	–[19]	2	4
	V1	Op(N)	18[4]	50	217	15	–[19]	2	7
	V2	Op(M)	18[4]	40[6]	217	10	–[19]	2	4
	V3	Op(H)	48[4]	50	217	7,5	–[19]	2	4
LBS Bremen	Cl	N	18[5]	40	197	11	1	2	4
	V1	Op(N)	18[5]	50	197	15	1	2	7
	V2	Op(M)	18[5]	40[6]	197	10	1	2	4
	V3	Op(H)	48[5]	50	197	7	1	2	4
LBS Hessen-Thüringen	Cl	N	18[5]	40	212	12	5	2	4
	Cl	N	18[5]	40	212	15	5	2	4
	V1	Op(N)	18[5]	50	212	18	5	2	7
	V2	Op(M)	18[5]	40[6]	212	12	5	2	4
	V3	Op(H)	48[5]	50	212	7	5	2	3
Öffentliche Bausparkasse Hamburg	Cl	N	–	40	200	11	6	2	4
	V1	Op(N)	–	50	200	15	6	2	7
	V2	Op(M)	–	40[6]	200	11	6	2	4
	V3	Op(H)	–	50	200	7,5	6	2	4

Tabelle 8 (Seite 4)
Wichtigste tarifabhängige Merkmale des Zuteilungsstadiums aller deutschen Bauspartarife (Stand Januar 1993)

Bausparkasse	Tarif	Charakteristik[1]	Mindest-sparzeit	gut-ha-ben	Mindest-Bewertungszahl	Faktor	ab	Höhe	Kürzungs-betrag[22]
(1)	(2)	(3)	(4)	(5)	(6)	(7)	(8)	(9)	(10)
			Monate	%				%	‰
LBS Hannover/ Braunschweig	1	St	18^2	40	–	10	6	2	4
	1	D(St)	18^2	40	–	10	6	2	4
	2	N	18^2	40	–	10	6	2	4
	2	D(N)	18^2	40	–	10	6	2	4
	3	K	18^2	50	–	15	6	2	6
	4	Op(N)	–	50	187	10,5/15	6	2	3
	4	Op(H)	–	50	187	6	6	2	3
Badische LBS	Cl	N	18^4	40	211	13,5	6	2	4
	V1	Op(N)	18^4	50	192	21	6	2	7
	V2	Op(M)	18^4	40^8	192	11	6	2	4
	V3	Op(H)	52^4	50	192	6	6	2	3
LBS Schleswig-Holstein	Cl	N	18^3	40	192	11	6	2	4
	V1	Op(N)	18^3	50	192	15	6	2	7
	V2	Op(M)	18^3	40^8	192	11	6	2	4
	V3	Op(H)	48^3	50	192	7,5	6	2	3
LBS Rheinland-Pfalz	Cl	N	18^3	40	192	11	14	2	4
	m. Vers.	M	18^3	50	185	10	14	2	5
	V1	Op(N)	18^3	50	185	15	14	2	7
	V2	Op(M)	18^3	40^8	185	10	14	2	4
	V3	Op(H)	36^3	50	185	6	14	2	4
Bayerische LBS	Cl	N	18^2	40	205	12	6	2	4
	V1	Op(N)	18^2	50	205	17	6	2	4
	V2	Op(M)	18^2	40^8	205	12	6	2	4
	V3	Op(H)	18^2	50	205	7	6	2	4
LBS Münster/Düsseldorf	Cl	N	18^2	40	184	10	6	2	4
	V-Plus	M	–	50	184	10	6	2	5
	V1	Op(N)	18^2	50	184	15	6	2	7
	V2	Op(M)	18^2	40^8	184	10	6	2	4
	V3	Op(H)	60^2	50	184	5	6	2	4
Ostdeutsche LBS	Cl	N	18^3	40	204	11	6	2	4
	V1	Op(N)	18^3	50	204	15	6	2	7
	V2	Op(M)	18^3	40^8	204	11	6	2	4
	V3	Op(H)	48^3	50	204	7,5	6	2	3
LBS Saarbrücken	Cl	N	18^3	40	202	12	2	2	4
	V1	Op(N)	18^3	50	202	18	2	2	7
	V2	Op(M)	18^3	40^8	202	12	2	2	4
	V3	Op(H)	48^3	50	202	7	2	2	4
LBS Württemberg	Cl	N	18^4	40	207	13	6	2	4
	Cl	D(N)	18^4	40	207	13	2	6	4
	V1	Op(N)	18^4	50	207	19	6	2	7
	V2	Op(M)	18^4	40^8	207	12	6	2	4
	V3	Op(H)	48^4	50	207	7	6	2	4

Spaltenüberschriften: Mindestsparzeit (zeit / gutha-ben), Mindest-Bewertungszahl (Faktor), Bereitstellungszinsen[18] (ab / Höhe), Kürzungsbetrag[22]

Fußnoten zur Tabelle 8

[1] D: Disagiovariante; H: Hochzinsvariante; K: Kurzzeit- bzw. Schnelltarif; L: Langzeittarif; M: Mittellaufzeittarif bzw. Mittelzinsvariante; N: Niedrigzinstarif bzw. -variante; Op: Optionstarif; St: Standardtarif

[2] Vom Vertragsbeginn bis zum Bewertungsstichtag vor der jeweiligen Zuteilungsperiode.

[3] Vom Ersten des Monats, in dem der Vertrag abgeschlossen wurde, bis zum Bewertungsstichtag vor der jeweiligen Zuteilungsperiode.

[4] Vom Ersten des Monats, in dem der Vertrag abgeschlossen wurde, bis zur Zuteilung.

[5] Vom Vertragsbeginn bis zur Zuteilung.

[6] Vom Vertragsbeginn bis zum zweiten Bewertungsstichtag vor der Zuteilung.

[7] Bei 2% Guthabenzins beträgt das Mindestguthaben 40% der Bausparsumme; bei einem Guthabenzins von 3% bzw. 4% beträgt das Mindestguthaben 50% der Bausparsumme.

[8] Bei einem Wechsel von Variante 1 oder 3 in Variante 2 beträgt das Mindestguthaben 50% der Bausparsumme.

[9] Sparguthaben am Bewertungsstichtag, geteilt durch das Mindestguthaben, mindestens jedoch 1.

[10] Der Bausparer kann für die Faktoren 3 oder 7 (im Falle des höchsten Sonderzinses von 1,5% muß er den BZ-Faktor 3 wählen) votieren, unter gleichzeitiger Änderung des Tilgungsbeitrages von 6‰ auf 4‰ bzw. 8‰. Bei Wahl des Bewertungszahlfaktors 3 bzw. 7 wird die bis dahin erreichte Bewertungzahl (BZ) um $^1/_{10}$ gekürzt und entsprechend dem gewählten BZ-Faktor in der Weise angepaßt, daß diese durch den bisherigen BZ-Faktor dividiert und mit dem neuen multipliziert wird (gerundet auf ganze Zahlen).

[11] Bei einem Tilgungsbetrag von 4‰ der Bausparsumme; wählt der Bausparer eine andere Verzinsung oder einen anderen Zinsfaktor, so wird die erreichte Bewertungszahl entsprechend umgerechnet. Der Bausparvertrag wird dann frühestens 9 Monate nach Antragseingang in das Zuteilungsverfahren aufgenommen.

[12] Sogenanntes Teilbausparsummen-System, bei dem sich die Bewertungszahl aus einer Division durch die Teilbausparsumme (und nicht die Bausparsumme) ergibt.

[13] Bewertungszahlfaktor abhängig vom Tilgungsbeitrag.

[14] Der Teil des Bausparguthabens, der 50% der Bausparsumme überschreitet, wird bei der Berechnung der Bewertungszahl nur zur Hälfte berücksichtigt.

[15] Der Bausparer kann für die Faktoren 48 oder 56 votieren, wenn er in eine Erhöhung des Tilgungsbeitrags von 6‰ auf 7‰ oder 8‰ einwilligt. Ebenso kann er durch eine niedrigere Bewertung mit den Faktoren 32 oder 24 eine Ermäßigung des Tilgungsbeitrags auf 5‰ oder 4‰ erreichen.

[16] Der BZ-Faktor ist gleich dem Quotienten aus Bausparguthaben und Mindestguthaben, jedoch wenigstens 1.

[17] Bei Erreichen eines Guthabens von mindestens 50% der Bausparsumme gilt bei den Tarifen 1 und 3 ein Faktor 1 und im Tarif 2 ein Faktor 1,2 für den weiteren Zuwachs.

[18] Angegeben ist, ab welchem der Bereitstellung folgenden Monatsersten die Verzinsung beginnt.

[19] Ab dem dritten auf die Zuteilung folgenden Quartalsersten.

[20] Bereitstellungszinsen können erhoben werden.

[21] Monatlicher Zinssatz.

[22] Mögliche Kürzung des Bauspardarlehens in ‰ der Bausparsumme nach § 13 Abs. 2 bzw. 4 ABB.

Tabelle 9

Beispiel für Berechnung und Entwicklung der Bewertungszahlen eines Bausparvertrages über 30.000 DM nach dem Wüstenrot-Optionstarif (Bewertungszahlfaktor 40)

Tag der Wert-stellung	Vorgang	Lastschrift	Gutschrift	Bauspar-guthaben (S=Soll)	Summe der Haben-salden	Bewer-tungs-zahl[1]
(1)	(2)	(3)	(4)	(5)	(6)	(7)
		DM	DM	DM	DM	
30. 6.01	Kontogebühr	15,–		15,00 S		
30. 6.01	Unverzinsliche Einlage	300,00		315,00 S		
30. 6.01	Einzahlung		2.000,00	1.685,00		
30. 6.01	Bewertungszahlberechnung			1.685,00	1.685,00	2
30. 9.01	Bewertungszahlberechnung			1.685,00	3.370,00	4
31.12.01	Zinsen		21,06	1.706,06		
31.12.01	Bewertungszahlberechnung				5.076,06	7
1. 1.02	Kontogebühr	15,00		1.691,06		
31. 3.02	Bewertungszahlberechnung			1.691,06	6.767,12	9
30. 6.02	Einzahlung		2.000,00	3.691,06		
30. 6.02	Bewertungszahlberechnung			3.691,06	10.458,18	14
30. 9.02	Bewertungszahlberechnung			3.691,06	14.149,24	19
31.12.02	Zinsen		67,28	3.758,34		
31.12.02	Bewertungszahlberechnung			3.758,34	17.907,58	24
1. 1.03	Kontogebühr	15,00		3.743,34		
31. 3.03	Bewertungszahlberechnung			3.743,34	21.650,92	29
30. 6.03	Einzahlung		2.000,00	5.743,34		
30. 6.03	Bewertungszahlberechnung			5.743,34	27.394,26	37
30. 9.03	Bewertungszahlberechnung			5.743,34	33.137,60	44
31.12.03	Zinsen		118,58	5.861,92		
31.12.03	Bewertungszahlberechnung			5.861,92	38.999,52	52
1. 1.04	Kontogebühr	15,00		5.846,92		
31. 3.04	Bewertungszahlberechnung			5.846,92	44.846,44	60
30. 6.04	Einzahlung		2.000,00	7.846,92		
30. 6.04	Bewertungszahlberechnung			7.846,92	52.693,36	70
30. 9.04	Bewertungszahlberechnung			7.846,92	60.540,28	81
31.12.04	Zinsen		171,17	8.018,09		
31.12.04	Bewertungszahlberechnung			8.018,09	68.558,37	91
1. 1.05	Kontogebühr	15,00		8.003,09		
31. 3.05	Bewertungszahlberechnung			8.003,09	76.561,46	102
30. 6.05	Einzahlung		4.000,00	12.003,09		
30. 6.05	Bewertungszahlberechnung			12.003,09	88.564,55	118
30. 9.05	Bewertungszahlberechnung			12.003,09	100.567,64	134
31.12.05	Zinsen		250,08	12.253,17		
31.12.05	Bewertungszahlberechnung			12.253,17	112.820,81	150
1. 1.06	Kontogebühr	15,00		12.238,17		
31. 3.06	Bewertungszahlberechnung			12.238,17	125.058,98	167
30. 6.06	Bewertungszahlberechnung			12.238,17	137.297,15	183
30. 9.06	Bewertungszahlberechnung			12.238,17	149.535,32	199
31.12.06	Zinsen		305,95	12.544,12		
31.12.06	Bewertungszahlberechnung			12.544,12	162.079,44	216
1. 1.07	Kontogebühr	15,00		12.529,12		
31. 3.07	Bewertungszahlberechnung			12.529,12	174.608,56	233
30. 6.07	Einzahlung		2.500,00	15.029,12		
30.12.07	Bewertungszahlberechnung			15.029,12	189.637,68	253

[1] $40 \cdot (6):30.000$

Tabelle 10

Beispiele von Finanzierungsplänen einschließlich Kapitaldienst für die Fremdmittel bei wohnungswirtschaftlichen Bau- oder Kaufvorhaben mit Gesamtgestehungskosten von 500.000 DM mit unterschiedlich hohen Anteilen der Finanzierungsmittel

Position	Einheit	ZeilenNr.	Fall 1	Fall 2	Fall 3	Fall 4	Fall 5	Fall 6	Fall 7	Fall 8	Fall 9	Fall 10
I. Hypothek	DM	(1)	200.000	200.000	200.000	200.000	200.000	200.000	200.000	250.000	250.000	250.000
Bauspardarlehen	DM	(2)	120.000	150.000	120.000	150.000	150.000	150.000	150.000	120.000	150.000	150.000
Erst- und zweitstellige Beleihung {absol.	DM	(3)	320.000	350.000	320.000	350.000	350.000	350.000	350.000	370.000	400.000	400.000
Drittrangiges Darlehen {relat.	%	(4)	64	70	64	70	70	70	70	74	80	80
	DM	(5)	—	—	50.000	50.000	100.000	—	—	—	—	50.000
Fremdmittel insgesamt {absol.	DM	(6)	320.000	350.000	370.000	400.000	450.000	350.000	350.000	370.000	400.000	450.000
{relat.	%	(7)	64	70	74	80	90	70	70	74	80	90
Bausparguthaben	DM	(8)	80.000	100.000	80.000	100.000	50.000	100.000	100.000	80.000	100.000	50.000
Bausparsumme	DM	(9)	200.000	250.000	200.000	250.000	250.000[2]	250.000	250.000	200.000	250.000	250.000[1]
Sonstige Eigenmittel	DM	(10)	100.000	50.000	50.000	—	—	50.000	50.000	50.000	—	—
Gesamtgestehungskosten	DM	(11)	500.000	500.000	500.000	500.000	500.000	500.000	500.000	500.000	500.000	500.000
Annuität für I. Hypothek {relat.	%	(12)	8+1=9	8+1=9	8+1=9	8+1=9	8+1=9	8+0=8[2]	6+1=7	8+1=9	8+1=9	6+1=7
{absol.	DM	(13)	18.000	18.000	18.000	18.000	18.000	16.000	14.000	22.500	22.500	17.500
Annuität für Bauspardarlehen {relat.	%	(14)	5+7=12	5+7=12	5+7=12	5+7=12	5+7=12	5+7=12	5+7=12	5+7=12	5+7=12	5+7=12
{absol.	DM	(15)	14.400	18.000	14.400	18.000	18.000	18.000	18.000	14.400	18.000	18.000
Annuität für drittrangiges Darlehen {relat.	%	(16)	—	—	10	10	10	—	—	—	—	10
{absol.	DM	(17)	—	—	5.000	5.000	10.000	—	—	—	—	5.000
Kapitaldienst für Fremdmittel {absolut {jährl.	DM	(18)	32.400	36.000	37.400	41.000	46.000	34.000	32.000	36.900	40.500	40.500
{monatl.	DM	(19)	2.700	3.000	3.117	3.417	3.833	2.833	2.667	3.075	3.375	3.375
rel. zu {Gesamtkosten	%	(20)	6,5	7,2	7,5	8,2	9,2	6,8	6,4	7,4	8,1	8,1
insgesamt {Fremdmitteln	%	(21)	10,1	10,3	10,1	10,3	10,2	9,7	9,1	10,0	10,1	9,0

[1] Im Falle eines Auffüllkredits von 50.000 DM zur Erreichung des tariflichen Mindestsparguthabens von 100.000 DM.

[2] Tilgung der 1. Hypothek ausgesetzt, etwa für die Laufzeit des Bauspardarlehens wie bei Wüstenrot-Verbundkrediten.

Bausparkasse	Tarif	Charakteristik[1]	Guthabenzinssatz jährlich	Darlehenszinssatz jährlich	Darlehensanspr.[14]	Darlehensgebühr	Disagio	Tilgungsbeitrag zu Bausparsumme	Anfangsdarlehen min.	Anfangsdarlehen max.	Effektiver Jahreszinssatz
(1)	(2)	(3)	(4)	(5)	(6)	(7)	(8)	(9)	(10)	(11)	(12)
			%	%		%	%	‰	DM	%	%
I. Private Bausparkassen											
Aachener Bausparkasse AG	F	N	2,5	4,5[8]	D	3	–	6	–	1,2	5,69[8]
	N	Op(H)	2,5 + 1,5	6[8]	50	3	–	4-5,85[17]	–	–	6,96-7,49[8]
	N	Op(N)	2,5	4,5[8]	50	3	–	4,3-7[17]	–	–	5,51-6,21[8]
	N	D(Op(N))	2,5	3,5[8]	50	3	5	4,3-7[17]	–	–	5,46-6,84[8]
	T	St	3	5[8]				6	–	1,2	6,08[8]
HUK-Coburg Bausparkasse AG	W	Op(N)	2	4	D	2+1[15]	–	7	–	–	5,31
	W	Op(M)	3	5	D	2+1[15]	–	6	–	–	6,14
	W	Op(H)	4	6	D	2+1[15]	–	5	–	–	6,97
Deutsche Bausparkasse AG	I	N	2,5	4,5	D	3	–	6,35	–	–	5,63
	I	D(N)	2,5	3,5	D	3	5	6,35	–	–	5,81
	II	St	3	5	D	3	–	6	–	–	6,08
	II	D(St)	3	4	D	3	5	6	–	–	6,18
	III	N	2,5	4,5	D	3	–	6	–	–	5,69
	III	D(N)	2,5	3,5	D	3	5	6	–	–	5,82
	IV	Op(H)	4	6	50	3	–	3,3-6[18]	–	–	6,98-7,71
	IV	D(Op(H))	4	4,75	50	3	5	3,3-6[18]	–	–	6,54-7,93
	IV	Op(N)	2,5	4,5	50	3	–	3,3-6[18]	–	–	5,43-6,12
	IV	D(Op(N))	2,5	3,5	50	3	5	3,3-6[18]	–	–	5,28-6,64
Colonia Bausparkasse AG	LA	St	3	5	D	3	–	6[19]	50[19]	–	6,08
	LA	D(St)	3	4	D	3	5	6[19]	50[19]	–	6,18
	RT	N	2,5	4,5	D	3	–	6[19]	50[19]	–	5,69
	RT	D(N)	2,5	3,5	D	3	5	6[19]	50[19]	–	5,82
	ZA	Op(H)	4[2]	6	50	3	–	4-7[17,19]	–	–	6,86-7,56
	ZA	Op(M)	3[3]	5,25	50	3	–	4-7[17,19]	–	–	6,09-6,78
	ZA	Op(N)	2	4,25	50	3	–	4-7[17,19]	–	–	5,08-5,76
	ZA	D(Op(N))	2	3,25	50	3	5	4-7[17,19]	–	–	4,98-6,44
Deutsche Bank Bauspar AG	A	Op(N)	2,5	4,5[9]	D	2,5	–	4/6/8[20]	–	–	5,25-6,10[9,10]
	A	Op(M)	2,5+0,5[4]	5[9]	D	2,5	–	4/6/8[20]	–	–	5,77-6,62[9,10]
	A	Op(H)	2,5+1,5[4,5]	6[9]	D	2,5	–	4	–	–	6,80-6,95[9,10]
	A	D(Op(N))	2,5	2,95-4,35[9,10]	D	2,5	2/4/6[6]	4/6/8[20]	–	–	5,44-6,86[9,10]
	A	D(Op(M))	2,5+0,5[4]	3,25-4,85[9,10]	D	2,5	2/4/6[6]	4/6/8[20]	–	–	5,94-7,16[9,10]
	A	D(Op(H))	2,5+1,5[4,5]	5,50-5,90[9,10]	D	2,5	2/4/6[6]	4	–	–	7,01-7,42[9,10]
	D	St	3	5[9]	D	2	–	6	–	–	6,15-6,31[9]
	D	D(St)	3	3,8-4,8[9]	D	2	2/4/6	6	–	–	6,39-6,61[9]
Dresdner Bauspar AG	F10	N	2	4	D	2	2[15]	6	–	–	5,12
	F20	St	2,5	4,5	D	2	2[15]	6	–	–	5,63
	F30	K	2	4	D	2	1,25[15]	8	–	–	5,59
	S40	Op(N)	3	5	D	2	2,5[15]	4	–	–	5,96
	S50	Op(H)	3 + 1	6	D	2	2,5[15]	4	–	–	6,97
	S60	Op(N)	3	5	D	2	1,25[15]	7	–	–	6,41
Quelle Bauspar AG	Q1	ST	3	5	D	2	–	6	–	–	5,89
Deutscher Ring Bausparkasse AG	C	Op(H)	2,5+1,5	6	50	2	–	4,3-7[17]	–	–	6,77-7,27
	C	D(Op(H))	2,5	3,95	50	2	4	4,3-7[17]	–	–	5,45-6,49
	D	St	2,75	5	D	2	–	5,5	–	–	5,87
	D	D(St)	2,75	4	D	2	5	5,5	–	–	6,01

Tabelle 11 (Seite 2)

Tarifmerkmale des Darlehensstadiums der Bausparrtarife (Stand Januar 1993)

Bausparkasse	Tarif	Charakteristik[1]	Guthabenzinssatz jährlich	Darlehenszinssatz	Darlehensanspr.[14]	Darlehensgebühr	Disagio	Tilgungsbeitrag zu Bausparsumme	Anfangsdarlehen min.	Anfangsdarlehen max.	Effektiver Jahreszinssatz
(1)	(2)	(3)	(4)	(5)	(6)	(7)	(8)	(9)	(10)	(11)	(12)
			%	%		%	%	‰	DM	%	%
Iduna Bauspark. AG	T 2	St	3	5	D	3	–	6	–	1,8	6,08
	T 2	D(St)	3	4	D	3	5	6	–	1,8	6,18
	T K	K	3	5	50	3	–	7	–	1,8	6,56
	IWS	Op(M)	3	5	D	3	–	4/5[21]	–	1,8	5,95-5,98
	IWS	Op(N)	2,5[6]	5	D	3	–	4/5[21]	–	1,8	5,95-5,98
BHW Allgem. Bauspark. AG	A3	St	3	5	D	2	1[15]	6[22]	–	–	5,94
	D	Op(H)	4	5	D	2	4-6[15,16]	4-8[17]	–	–	5,74-7,50
	D	Op(M)	3	5	D	2	1[15]	4-8[17]	–	–	5,74-7,50
	D	Op(N)	2	4/2,25[11]	D	2	1[15]	6-10[17]	–	–	3,29-5,80
	2003	H	4	6	50	2	1[15]	4/5/6[17]	50	–	6,86/7,09/7,32
BHW Bauspark. AG	BI	K	3	5	D	2	1[15]	10	–	–	6,74
	D	Op(H)	4	5	D	2	4-6[15,16]	4-8[17]	–	–	5,74-7,50
	D	Op(M)	3	5	D	2	1[15]	4-8[17]	–	–	5,74-7,50
	D	Op(N)	2	4/2,25[11]	D	2	1[15]	6-10[17]	–	–	3,29-5,80
Badenia Bausparkasse AG	T I	N	2,5	4,5	D	3	–	6[19]	–	–	5,69
	T I	D(N)	2,5	3,5	D	3	5	6[19]	–	–	5,86
	T II	St	3	5	D	3	–	6[19]	–	–	6,09
	T II	D(St)	3	4	D	3	5	6[19]	–	–	6,21
	T III	Op(H)	4	6	50	3	–	4,55-7,25[17,19]	–	–	7,12-7,86
	T III	D(Op(H))	4	5	50	3	5	4,55-7,25[17,19]	–	–	6,94-8,38
	T III	Op(N)	2,5	4,5	50	3	–	4,3-7[17,19]	–	–	5,50-6,21
	T III	D(Op(N))	2,5	3,5	50	3	5	4,3-7[17,19]	–	–	5,45-6,85
Debeka Bauspark. AG		St	3	5	D	2	–	4-8[17]	25	1,5	5,47-5,97
Leonberger Bausparkasse AG	LW	Op(M)	2,25	4,5	D	2	–	3-8[20]	50	–	5,18-5,90
	LW	D(Op(M))	2,25	4,0-2,75	D	2	5	3-8[20]	50	–	5,56-6,08
	LW	Op(H)	2,25[7]	5,0-5,75[12]	D	2	–	3-8[20]	50	–	5,69-7,19
	LW	D(Op(H))	2,25	5,25-3,25[12]	D	2	5	3-8[20]	50	–	6,05-7,34
	LW	Op(N)	2,25	1,5-4,0	D	2	–	3-8[20]	50	–	2,16-5,38
Bausparkasse GdF Wüstenrot	2	ST	3	5	D	2	–		–	–	5,89
	5	L	4	5,5	50	2	5	3,5/4/4,5[23]	–	–	7,06
	7	Op(H)	2,5+2[4]	6,4	D	2	–	4-8[20]	–	–	7,15-7,98[24]
	7	Op(M)	2,5+1[4]	5,5	D	2	–	4-8[20]	–	–	6,22-7,00[24]
	7	Op(N)	2,5	4,6	D	2	–	4-8[20]	–	–	5,28-6,02[24]
Bausparkasse Mainz AG	A	N	2,5	4,5	D	3	–	6[19]	–	–	5,6
	A	D(N)	2,5	3,5	D	3	5	6[19]	–	–	5,7
	B	St	3	5	D	3	–	6[19]	–	–	5,9
	B	D(St)	3	4	D	3	5	6[19]	–	–	6,1
	C	N	2,5	4,5	D	4	–	6[19]	1,1%[19]	–	5,8
	D	Op(H)	4	6	50	3	–	3,3-6[18,19]	–	–	6,90-7,60
	D	D(Op(N))	2,5	5	50	3	5	3,3-6[18,19]	–	–	5,20-6,70
Heimstatt Bauspar AG	L	St	4	6	D	3	–	6	–	1,5	7,06
	L	D(St)	4	5	D	3	5	6	–	1,5	7,26
	Plus	Op(H)	4	6	50	3	–	3,3-6[18]	–	–	6,87-7,56
	Plus	D(Op(H))	4	5	50	3	5	3,3-6[18]	–	–	6,68-8,18
	Plus	Op(N)	2,5	4,5	50	3	–	3,3-6[18]	–	–	5,33-6,01
	Plus	D(Op(N))	2,5	3,5	50	3	5	3,3-6[18]	–	–	5,20-6,68
mh Bausparkasse AG	1	Op(M)	3	5	D	3	–	4-10[17]	–	–	5,61-6,60
	1	D(Op(M))	3	4	D	3	5	4-10[17]	–	–	5,29-7,58
	2	Op(N)	2,25	4,5	D	2	–	4-10[17]	–	–	5,06-5,95
	2	D(Op(N))	2,25	3,5	D	2	5	4-10[17]	–	–	4,78-6,98
	3	Op(H)	4	6	D	3	–	4-8[17]	–	–	6,86-7,78
	3	D(Op(H))	4	5	D	3	5	4-8[17]	–	–	6,68-8,86

Tabelle 11 (Seite 3)

Tarifmerkmale des Darlehensstadiums der Bauspartarife (Stand Januar 1993)

Bausparkasse	Tarif	Charakteristik[1]	Guthabenzinssatz jährlich	Darlehenszinssatz	Darlehens anspr.[14]	Darlehens gebühr	Disagio	Tilgungsbeitrag zu Bausparsumme	Anfangsdarlehen min.	max.	Effektiver Jahreszinssatz
(1)	(2)	(3)	(4)	(5)	(6)	(7)	(8)	(9)	(10)	(11)	(12)
			%	%		%	%	‰	DM	%	%
Vereinsbank Victoria Bauspar AG	1	Op(N)	2,5	4,5	D	2	–	4-12[17]	–	–	5,25-6,60
	1	D(Op(N))	2,5	3,5	D	2	5	4-12[17]	–	–	5,06-8,30
	2	Op(M)	3	5	D	2	–	4-12[17]	–	–	5,54-6,62
	2	D(Op(M))	3	4	D	2	5	4-12[17]	–	–	5,30-8,28
	3	Op(H)	4	6	D	2	–	5,5-12[17]	–	–	6,78-7,67
	3	D(Op(H))	4	5	D	2	5	4-12[17]	–	–	6,28-9,31
Alte Leipziger Bausparkasse AG	F	Op(M)	3	5	D	2	–	6	–	–	5,89
	F	D(Op(M))	3	4	D	2	5	6	–	–	5,98
	F	Op(N)	2,5	4,5	D	2	–	6	–	–	5,37
	F	D(Op(N))	2,5	3,5	D	2	5	6	–	–	5,48
	H	Op(H)	4	6	50	3	–	4,4-8,16[17]	–	–	6,86-7,76
	H	D(Op(H))	4	5	50	3	5	4,4-8,16[17]	–	–	6,60-8,29
	H	Op(N)	2,5	4,5	50	3	–	4,4-8,16[17]	–	–	5,34-6,16
	H	D(Op(N))	2,5	3,5	50	3	5	4,4-8,16[17]	–	–	5,14-6,74
Bausparkasse Schwäb. Hall	F	Op(M)	3	5[8]	D	2	–	5/6/8[19,20]	25[19]	–	5,89/6,08/6,45
	F	Op(H)	3+1[4,5]	6[8]	D	2	–	5[19]	25[19]	–	6,94
	F	D(Op(M))	3	4,5[8,13]	D	2	4	5/6/8[19,20]	25[19]	–	6,26/6,39/6,90
	F	D(Op(H))	3+1[4,5]	5,5[8]	D	2	4	5[19]	25[19]	–	7,28
	N	N	2,5	4,5	D	2	–	6[19]	25[19]	–	5,37
	N	D(N)	2,5	3,5	D	2	5	6[19]	25[19]	–	5,48
	N	D(N)	2,5	3,25	D	2	6	6[19]	25[19]	–	5,47
II. Öffentlich-rechtliche Bausparkassen											
LBS Berlin	C1	N	2,5	4,5	D	3	–	6	–	–	5,43
	V1	Op(N)	2,5	4,5	D	3	–	8	–	–	6,02
	V2	Op(M)	2,5+0,5[4]	5	D	3	–	6	–	–	5,94
	V3	Op(H)	2,5+1,5[4]	6	D	3	–	5	–	–	6,97
LBS Bremen	C1	N	2,5	4,5	D	3	–	6	–	–	5,43
	V1	Op(N)	2,5	4,5	D	3	–	8	–	–	6,02
	V2	Op(M)	2,5+0,5[4]	5	D	3	–	6	–	–	5,94
	V3	Op(H)	2,5+1,5[4]	6	D	3	–	5	–	–	6,97
LBS Hessen-Thüringen	C1	N	2,5	4,5	D	3	–	6	–	–	5,43
	E-C1	N	2	4	D	3	–	6,4[19]	–	–	4,99
	V1	Op(N)	2,5	4,5	D	3	–	8	–	–	6,02
	V2	Op(M)	2,5+0,5[4]	5	D	3	–	6	–	–	5,94
	V3	Op(H)	2,5+1,5[4]	6	D	3	–	5	–	–	6,97
Öffentl. Bausparkasse Hamburg	C1	N	2,5	4,5	D	3	–	6	–	–	5,43
	V1	Op(N)	2,5	4,5	D	3	–	8	–	–	6,02
	V2	Op(M)	2,5+0,5[4]	5	D	3	–	6	–	–	5,94
	V3	Op(H)	2,5+1,5[4]	6	D	3	–	5	–	–	6,97
LBS Hannover/ Braunschweig	1	St	3	5	D	3	–	6	–	–	5,94
	1	D(St)	3	3,75	D	3	6	6	–	–	6,05
	2	N	2,5	4,5	D	3	–	6	–	–	5,43
	2	D(N)	2,5	3,25	D	3	6	6	–	–	5,57
	3	K	2,5	4	D	3	2	8	–	–	6,16
	4	Op(N)	2,5	4,5	D	3	–	4/6/8	–	–	5,23/5,63/6,02
	4	Op(H)	2,5+1,5[4]	6	D	3	–	4,5	–	–	6,87
Badische LBS	C1	N	2,5	4,5	D	3	–	6	–	–	5,43
	V1	Op(N)	2,5	4,5	D	3	–	8	–	–	6,02
	V2	Op(M)	2,5+0,5[4]	5	D	3	–	6	–	–	5,94
	V3	Op(H)	2,5+1,5[4]	6	D	3	–	5	–	–	6,97

Tabelle 11 (Seite 4)
Tarifmerkmale des Darlehensstadiums der Bauspartarife (Stand Januar 1993)

Bausparkasse	Tarif	Charakteristik[1]	Guthabenzinssatz jährlich	Darlehenszinssatz	Darlehensanspr.[14]	Darlehensgebühr	Disagio	Tilgungsbeitrag zu Bausparsumme	Anfangsdarlehen min.	Anfangsdarlehen max.	Effektiver Jahreszinssatz
(1)	(2)	(3)	(4)	(5)	(6)	(7)	(8)	(9)	(10)	(11)	(12)
			%	%		%	%	‰	DM	%	%
LBS Schleswig-Holstein	C1	N	2,5	4,5	D	3	–	6	–	–	5,43
	V1	Op(N)	2,5	4,5	D	3	–	8	–	–	6,02
	V2	Op(M)	2,5+0,5[4]	5	D	3	–	6	–	–	5,94
	V3	Op(H)	2,5+1,5[4]	6	D	3	–	5	–	–	6,97
LBS Rheinland-Pfalz	C1	N	2,5	4,5	D	3	–	6	–	–	5,43
	m. Vers.	M	3,5	5,5	D	3	–	5	–	–	6,45
	V1	Op(N)	2,5	4,5	D	3	–	8	–	–	6,02
	V2	Op(M)	2,5+0,5[4]	5	D	3	–	6	–	–	5,94
	V3	Op(H)	2,5+1,5[4]	6	D	3	–	5	–	–	6,97
Bayerische LBS	C1	N	2,5	4,5	D	3	–	6	–	–	5,43
	V1	Op(N)	2,5	4,5	D	3	–	8	–	–	6,02
	V2	Op(M)	2,5+0,5[4]	5	D	3	–	6	–	–	5,94
	V3	Op(H)	2,5+1,5[4]	6	D	3	–	5	–	–	6,97
LBS Münster/ Düsseldorf	C1	N	2,5	4,5	D	3	–	6	–	–	5,43
	Vario P.	M	3,5	5,5	D	3	–	5[19]	–	–	6,45
	V1	Op(N)	2,5	4,5	D	3	–	8	–	–	6,02
	V2	Op(M)	2,5+0,5[4]	5	D	3	–	6	–	–	5,94
	V3	Op(H)	2,5+1,5[4]	6	D	3	–	5	–	–	6,97
Ostdeutsche LBS	C1	N	2,5	4,5	D	3	–	6	–	–	5,43
	V1	Op(N)	2,5	4,5	D	3	–	8	–	–	6,02
	V2	Op(M)	2,5+0,5[4]	5	D	3	–	6	–	–	5,94
	V3	Op(H)	2,5+1,5[4]	6	D	3	–	5	–	–	6,97
LBS Saarbrücken	C1	N	2,5	4,5	D	3	–	6	–	–	5,43
	V1	Op(N)	2,5	4,5	D	3	–	8	–	–	6,02
	V2	Op(M)	2,5+0,5[4]	5	D	3	–	6	–	–	5,94
	V3	Op(H)	2,5+1,5[4]	6	D	3	–	5	–	–	6,97
LBS Württemberg	C1	N	2,5	4,5	D	3	–	6	–	–	5,43
	C1	D(N)	2,5	3,5	D	3	5	6	–	–	5,57
	V1	Op(N)	2,5	4,5	D	3	–	8	–	–	6,02
	V2	Op(M)	2,5+0,5[4]	5	D	3	–	6	–	–	5,94
	V3	Op(H)	2,5+1,5[4]	6	D	3	–	5	–	–	6,97

[1] D: Disagiovariante; H: Hochzinsvariante; K: Kurzzeit- bzw. Schnelltarif; L: Langzeittarif; M: Mittellaufzeittarif bzw. Mittelzinsvariante; N: Niedrigzinstarif bzw. -variante; Op: Optionstarif; St: Standardtarif

[2] Zinsbonus von 2% wird erst bei einer Laufzeit von mindestens 7 Jahren rückwirkend ab Vertragsbeginn gewährt.

[3] Zinsbonus von 1% wird erst bei einer Laufzeit von mindestens 4 Jahren rückwirkend ab Vertragsbeginn gewährt.

[4] Bonus, der nicht zum Bausparguthaben gehört, sondern jährlich auf einem Sonderkonto gutgeschrieben und bei vollständiger Auszahlung oder Rückzahlung des Bausparguthabens zusätzlich ausgezahlt wird. Der Bonus wird jedoch nicht außerhalb der Bausparsumme ausgezahlt, sondern bei Ende der Verzinsung dem Bausparkonto gutgeschrieben.

[5] Nur bei gleichzeitiger Wahl des niedrigsten Bewertungszahlfaktors.

[6] Bei Auflösung nach Darlehensverzicht wird ein Zinsbonus gewährt, wenn der Bausparvertrag mindestens 2 Jahre mit dem Regelsparbeitrag von 4‰ der Bausparsumme bespart wurde und das Bausparguthaben frühestens 7 Jahre nach Beginn des ersten Regelsparjahres ausgezahlt wird. Der Zinsbonus wird rückwirkend gewährt und beträgt je nach Laufzeit der Regelbesparung 0,25% bei 2 Vertragsjahren mit Regelbesparung bis 1,75% bei 10 Vertragsjahren mit Regelbesparung.

[7] Im Falle des Darlehensverzichts nach Zuteilung und nach längerer Sparzeit erhöht sich die Guthabenverzinsung ab Vertragsbeginn auf 4,75%, und die Abschlußgebühr wird erstattet.

[8] Zinsberechnung nach der jeweiligen Darlehensschuld gegen eine Nominalzinserhöhung um 0,25 Prozentpunkte (90-Tage-Methode).

[9] Alternativ: Zinsberechnung wahlweise monatlich nach der jeweiligen Darlehensschuld auf der Grundlage taggenauer Verrechnung aller Zahlungseingänge und Belastungen, wenn der Bausparer mit der Erhöhung des Nominalzinssatzes um 0,25 Prozentpunkte einverstanden ist (30-Tage-Methode).

[10] Einschließlich der verschiedenen Disagiovarianten ergeben sich folgende Möglichkeiten:

Tarifvariante	Disagio in %	Zinssatz bei einem Tilgungsbeitrag von			Effektivzinssatz bei einem Tilgungsbeitrag von		
		4‰	6‰	8‰	4‰	6‰	8‰
2,5% / 4,5%	0	4,50	4,50	4,50	5,25	5,67	6,08
	2	4,35	4,25	4,15	5,44	5,59	6,45
	4	4,10	3,75	3,55	5,53	5,99	6,59
	6	3,85	3,25	2,95	5,65	6,02	6,77
3% / 5%	0	5,00	5,00	5,00	5,77	6,20	6,62
	2	4,85	4,80	4,75	5,94	6,52	7,09
	4	4,60	4,25	4,05	6,03	6,51	7,12
	6	4,35	3,80	3,25	6,14	6,63	7,08
4% / 6%	0	6,00			6,80		
	2	5,90			7,01		
	4	5,70			7,13		
	6	5,50			7,27		

[11] Bei Verzicht auf die Guthabenzinsen wird der Darlehenszinssatz auf 2,25% gesenkt.

[12] Der Bausparer kann beim Tarif LW eine Verkürzung der Sparzeit gegen eine Erhöhung des Darlehenszinssatzes oder alternativ gegen einen Verzicht auf die Guthabenverzinsung erreichen.

[13] Wenn der Bewertungszahlfaktor 1 gilt; bei Bewertungszahlfaktor 1,25 nur 4,25% bzw. bei Bewertungszahlfaktor 1,8 nur 4%.

[14] D: = BS-Guthaben; 50: = 50% der BS

[15] Agio

[16] Abhängig vom Tilgungsbeitrag.

[17] Tilgungsbeitrag von der bei Zuteilung erreichten Bewertungszahl (BZ) abhängig; Tilgungsbeitrag für Bewertungszahlen zwischen bestimmten Grenzbeträgen gestaffelt.

[18] Von der bei Zuteilung erreichten Bewertungszahl (BZ) abhängig; Tilgungsbeitrag für Bewertungszahlen zwischen bestimmten Grenzbeträgen gestaffelt; der Tilgungsbeitrag erhöht sich jährlich zum 1. Januar um 5% (vertragliche Dynamik). Die Bausparkasse verzichtet auf die Dynamik, wenn der Bausparer einen Tilgungsbeitrag entrichtet, der um 1‰-punkt höher ist als der angegebene.

[19] Hierin ist der Versicherungsbeitrag enthalten (beim effektiven Jahreszins nicht zu berücksichtigen).

[20] Tilgungsbeitrag abhängig vom gewählten Bewertungszahlfaktor.

[21] Über 2/Restjahre. Ab dem 3. Tilgungsjahr Ermäßigung des Tilgungsbeitrags auf Wunsch möglich, ab Bewertungszahl 4,8 auf 4,75‰; ab Bewertungszahl 5,4 auf 4,50‰; ab Bewertungszahl 6,0 auf 4,25‰; ab Bewertungszahl 6,6 auf 4,00‰.

[22] Ab Anspargrad 50% nur 5‰ der Bausparsumme.

[23] Über 4/4/Restjahre.

[24] Insgesamt ergeben sich folgende Möglichkeiten (vgl. Fußnote 20):

Guthaben-zinssatz in %	Darlehens-zinssatz in %	Tilgungsbeitrag in ‰				
		4	5	6	7	8
2,5 + 2	6,4	7,15	7,36	7,57	7,77	7,98
2,5 +1	5,5	6,22	6,42	6,61	6,81	7,00
2,5	4,6	5,28	5,47	5,66	5,84	6,02

Tabelle 12

Tilgungspläne für ein Bruttoanfangs-Bauspardarlehen (einschließlich Darlehensgebühr) von 100.000 DM mit 5% Jahreszinsen und monatlich nachschüssig geleisteten Tilgungsbeiträgen in Höhe von 1.000 DM bei der 30- und der 90-Tage-Methode sowie dem Quartalsmodell der Darlehensverzinsung

Erstes Jahr der Tilgung in ausführlicher Darstellung

Jahr/Monat	Darlehens-anfangs-stand¹	Darlehens-zinsen	Netto-tilgung	Darlehens-end-stand	Jahr/Quar-tal	Darlehens-anfangs-stand¹	Darlehens-zinsen	Netto-tilgung	Darlehens-end-stand	Jahr/Quar-tal	Darlehens-anfangs-stand¹	Darlehens-zinsen	Netto-tilgung	Darlehens-end-stand
	bei der 30-Tage-Methode					bei der 90-Tage-Methode					beim Quartalsmodell			
	$(5)_1$		1.000-(3)	(2)+(4)		$(10)_1$		3.000-(8)	(7)+(9)		$(15)_1$		3.000-(13)	(12)+(14)
(1)	(2)	(3)	(4)	(5)	(6)	(7)	(8)	(9)	(10)	(11)	(12)	(13)	(14)	(15)
	DM	DM	DM	DM		DM	DM	DM	DM		DM	DM	DM	DM
1 — 1	100.000,—	416,67	583,33	99.416,67	1 — 1	100.000,—	1.237,50	1.762,50	98.237,50	1 — 1	100.000,—	1.250,—	1.750,—	98.250,—
— 2	99.416,67	414,24	585,76	98.830,91	— 2	98.237,50	1.215,47	1.784,53	96.452,97	— 2	98.250,—	1.228,13	1.771,87	96.478,13
— 3	98.830,91	411,80	588,20	98.242,71	— 3	96.452,97	1.193,16	1.806,84	94.646,13	— 3	96.478,13	1.205,98	1.794,02	94.684,11
— 4	98.242,71	409,34	590,66	97.652,05	— 4	94.646,13	1.170,58	1.829,42	92.816,71	— 4	94.684,11	1.183,55	1.816,45	92.867,66
— 5	97.652,05	406,88	593,12	97.058,93										
— 6	97.058,93	404,41	595,59	96.463,34										
— 7	96.463,34	401,93	598,07	95.865,27										
— 8	95.865,27	399,44	600,56	95.264,71										
— 9	95.264,71	396,94	603,06	94.661,65										
— 10	94.661,65	394,42	605,58	94.056,07										
— 11	94.056,07	391,90	608,10	93.447,97										
— 12	93.447,97	389,37	610,63	92.837,34										
1	100.000,—	4.837,34	7.162,66	92.837,34	1	100.000,—	4.816,71	7.183,29	92.816,71	1	100.000,—	4.867,66	7.132,34	92.867,66

Weitere Jahre in zusammengefaßter Darstellung

Jahr	Darlehens-anfangs-stand¹ (2)	Darlehens-zinsen (3)	Netto-tilgung (4)	Darlehens-end-stand (5)	Jahr	Darlehens-anfangs-stand¹ (7)	Darlehens-zinsen (8)	Netto-tilgung (9)	Darlehens-end-stand (10)	Jahr	Darlehens-anfangs-stand¹ (12)	Darlehens-zinsen (13)	Netto-tilgung (14)	Darlehens-end-stand (15)
1	100.000,—	4.837,34	7.162,66	92.837,34	1	100.000,—	4.816,71	7.183,29	92.816,71	1	100.000,—	4.867,66	7.132,34	92.867,66
2	92.837,34	4.470,88	7.529,12	85.308,22	2	92.816,71	4.470,76	7.549,24	85.267,47	2	92.867,66	4.504,30	7.495,70	85.371,96
3	85.308,22	4.085,66	7.914,32	77.393,90	3	85.267,47	4.066,15	7.933,85	77.333,62	3	85.371,96	4.122,43	7.877,57	77.494,39
4	77.393,90	3.680,76	8.319,24	69.074,66	4	77.333,62	3.661,96	8.338,04	68.995,58	4	77.494,39	3.721,10	8.278,90	69.215,49
5	69.074,66	3.255,12	8.744,88	60.329,78	5	68.995,58	3.237,18	8.762,82	60.232,76	5	69.215,49	3.299,32	8.700,68	60.514,81
6	60.329,78	2.807,72	9.192,28	51.137,50	6	60.232,76	2.790,75	9.209,25	51.023,51	6	60.514,81	2.856,08	9.143,92	51.370,89
7	51.137,50	2.337,43	9.662,57	41.474,93	7	51.023,51	2.321,58	9.678,42	41.345,09	7	51.370,89	2.390,23	9.609,77	41.761,12
8	41.474,93	1.843,07	10.156,93	31.318,—	8	41.345,09	1.828,51	10.171,49	31.173,60	8	41.761,12	1.900,65	10.099,35	31.661,77
9	31.318,—	1.323,45	10.676,55	20.641,45	9	31.173,60	1.310,32	10.689,68	20.483,92	9	31.661,77	1.386,14	10.613,86	21.047,91
10	20.641,45	777,20	11.222,80	9.418,65	10	20.483,92	765,73	11.234,27	9.249,65	10	21.047,91	845,42	11.154,58	9.893,33
11	9.418,65	210,27	9.418,65	—	11	9.249,65	202,15	9.249,65	—	11	9.893,33	277,14	9.893,33	—
1-11	7.110.948,45	29.628,92	100.000,—	—	1-11	2.399.444,64	29.451,80	100.000,—	—	1-11	2.413.634,18	30.170,47	100.000,—	—

Ohne Berücksichtigung einer Kontogebühr und der eventuellen Veränderung durch Versicherungszuschlag und -beitrag für eine Risikolebensversicherung.

Tabelle 13 (Seite 1)
Laufzeiten von Bauspardarlehen beim Quartalsmodell der Darlehensverzinsung in Abhängigkeit von der prozentualen Monatsrate bei Tilgungsbeginn

Monats-rate[1]	Nomineller Jahreszinssatz des Bauspardarlehens in %						
	3,0	3,5	4,0	4,5	5,0	5,5	6,0
(1)	(2)	(3)	(4)	(5)	(6)	(7)	(8)
	Tilgungszeit in Jahren/Monaten						
0,80	12/7	13/1	13/7	14/3	14/11	15/8	16/7
0,82	12/2	12/8	13/2	13/9	14/4	15/1	15/11
0,84	11/10	12/3	12/9	13/3	13/10	14/6	15/4
0,86	11/6	11/11	12/4	12/10	13/5	14/0	14/9
0,88	11/3	11/7	12/0	12/6	13/0	13/7	14/3
0,90	10/11	11/3	11/8	12/1	12/7	13/1	13/9
0,92	10/8	11/0	11/4	11/9	12/2	12/8	13/3
0,94	10/5	10/8	11/1	11/5	11/10	12/4	12/10
0,96	10/1	10/5	10/9	11/1	11/6	11/11	12/5
0,98	9/11	10/2	10/6	10/10	11/2	11/7	12/1
1,00	9/8	9/11	10/3	10/7	10/11	11/4	11/9
1,02	9/5	9/8	10/0	10/3	10/7	11/0	11/5
1,04	9/3	9/6	9/9	10/0	10/4	10/8	11/1
1,06	9/0	9/3	9/6	9/10	10/1	10/5	10/9
1,08	8/10	9/1	9/4	9/7	9/10	10/2	10/6
1,10	8/8	8/10	9/1	9/4	9/8	9/11	10/3
1,12	8/6	8/8	8/11	9/2	9/5	9/8	10/0
1,14	8/4	8/6	8/9	8/11	9/2	9/6	9/9
1,16	8/2	8/4	8/7	8/9	9/0	9/3	9/6
1,18	8/0	8/2	8/4	8/7	8/10	9/1	9/4
1,20	7/10	8/0	8/2	8/5	8/8	8/10	9/1
1,22	7/8	7/10	8/1	8/3	8/5	8/8	8/11
1,24	7/7	7/9	7/11	8/1	8/3	8/6	8/9
1,26	7/5	7/7	7/9	7/11	8/1	8/4	8/7
1,28	7/3	7/5	7/7	7/9	8/0	8/2	8/4
1,30	7/2	7/4	7/6	7/8	7/10	8/0	8/2
1,32	7/1	7/2	7/4	7/6	7/8	7/10	8/1
1,34	6/11	7/1	7/3	7/4	7/6	7/8	7/11
1,36	6/10	6/11	7/1	7/3	7/5	7/7	7/9
1,38	6/8	6/10	7/0	7/1	7/3	7/5	7/7

[1] Monatlicher (gleichbleibender) Tilgungsbeitrag (Zins- und Tilgungsrate) im Verhältnis zum (voll ausgezahlten) Bruttoanfangs-Bauspardarlehen bei Tilgungsbeginn (am Monatsersten nach Darlehenszahlung)

Tabelle 13 (Seite 2)
Laufzeiten von Bauspardarlehen beim Quartalsmodell der Darlehensverzinsung in Abhängigkeit von der prozentualen Monatsrate bei Tilgungsbeginn

Monats-rate[1]	Nomineller Jahreszinssatz des Bauspardarlehens in %						
	3,0	3,5	4,0	4,5	5,0	5,5	6,0
(1)	(2)	(3)	(4)	(5)	(6)	(7)	(8)
	Tilgungszeit in Jahren/Monaten						
1,40	6/7	6/9	6/10	7/0	7/2	7/4	7/6
1,42	6/6	6/7	6/9	6/11	7/0	7/2	7/4
1,44	6/5	6/6	6/8	6/9	6/11	7/1	7/2
1,46	6/4	6/5	6/6	6/8	6/10	6/11	7/1
1,48	6/2	6/4	6/5	6/7	6/8	6/10	7/0
1,50	6/1	6/3	6/4	6/5	6/7	6/9	6/10
1,52	6/0	6/2	6/3	6/4	6/6	6/7	6/9
1,54	5/11	6/1	6/2	6/3	6/5	6/6	6/8
1,56	5/10	6/0	6/1	6/2	6/3	6/5	6/6
1,58	5/9	5/10	6/0	6/1	6/2	6/4	6/5
1,60	5/8	5/10	5/11	6/0	6/1	6/3	6/4
1,62	5/7	5/9	5/10	5/11	6/0	6/1	6/3
1,64	5/7	5/8	5/9	5/10	5/11	6/0	6/2
1,66	5/6	5/7	5/8	5/9	5/10	5/11	6/1
1,68	5/5	5/6	5/7	5/8	5/9	5/10	6/0
1,70	5/4	5/5	5/6	5/7	5/8	5/9	5/11
1,72	5/3	5/4	5/5	5/6	5/7	5/8	5/10
1,74	5/2	5/3	5/4	5/5	5/6	5/8	5/9
1,76	5/2	5/3	5/4	5/5	5/6	5/7	5/8
1,78	5/1	5/2	5/3	5/4	5/5	5/6	5/7
1,80	5/0	5/1	5/2	5/3	5/4	5/5	5/6
1,82	4/11	5/0	5/1	5/2	5/3	5/4	5/5
1,84	4/11	5/0	5/0	5/1	5/2	5/3	5/4
1,86	4/10	4/11	5/0	5/1	5/2	5/2	5/3
1,88	4/9	4/10	4/11	5/0	5/1	5/2	5/3
1,90	4/9	4/10	4/10	4/11	5/0	5/1	5/2
1,92	4/8	4/9	4/10	4/11	4/11	5/0	5/1
1,94	4/8	4/8	4/9	4/10	4/11	5/0	5/0
1,96	4/7	4/8	4/8	4/9	4/10	4/11	5/0
1,98	4/6	4/7	4/8	4/9	4/9	4/10	4/11

[1] Monatlicher (gleichbleibender) Tilgungsbeitrag (Zins- und Tilgungsrate) im Verhältnis zum (voll ausgezahlten) Bruttoanfangs-Bauspardarlehen bei Tilgungsbeginn (am Monatsersten nach Darlehenszahlung)

Tabelle 14 (Seite 1)

Tilgungszeiten von Bauspardarlehen bei der 30 Tage-Methode der Darlehensverzinsung in Abhängigkeit von der prozentualen Monatsrate bei Tilgungsbeginn

Monats-rate[1]	Nomineller Jahreszinssatz des Bauspardarlehens in %						
	3,0	3,5	4,0	4,5	5,0	5,5	6,0
(1)	(2)	(3)	(4)	(5)	(6)	(7)	(8)
	Tilgungszeit in Jahren/Monaten						
0,80	12/6	13/0	13/6	14/1	14/9	15/6	16/5
0,82	12/2	12/7	13/1	13/7	14/3	14/11	15/9
0,84	11/9	12/2	12/8	13/2	13/9	14/5	15/1
0,86	11/6	11/10	12/3	12/9	13/3	13/10	14/7
0,88	11/2	11/6	11/11	12/4	12/10	13/5	14/0
0,90	10/10	11/2	11/7	12/0	12/6	13/0	13/7
0,92	10/7	10/11	11/3	11/8	12/1	12/7	13/1
0,94	10/4	10/8	11/0	11/4	11/9	12/2	12/8
0,96	10/1	10/4	10/8	11/0	11/5	11/10	12/4
0,98	9/10	10/1	10/5	10/9	11/1	11/6	11/11
1,00	9/7	9/10	10/2	10/6	10/10	11/2	11/7
1,02	9/5	9/8	9/11	10/2	10/6	10/10	11/3
1,04	9/2	9/5	9/8	9/11	10/3	10/7	10/11
1,06	9/0	9/2	9/5	9/9	10/0	10/4	10/8
1,08	8/9	9/0	9/3	9/6	9/9	10/1	10/5
1,10	8/7	8/10	9/0	9/3	9/6	9/10	10/2
1,12	8/5	8/8	8/10	9/1	9/4	9/7	9/11
1,14	8/3	8/5	8/8	8/11	9/1	9/4	9/8
1,16	8/1	8/3	8/6	8/8	8/11	9/2	9/5
1,18	7/11	8/1	8/4	8/6	8/9	9/0	9/3
1,20	7/10	8/0	8/2	8/4	8/7	8/9	9/0
1,22	7/8	7/10	8/0	8/2	8/4	8/7	8/10
1,24	7/6	7/8	7/10	8/0	8/2	8/5	8/8
1,26	7/5	7/6	7/8	7/10	8/1	8/3	8/5
1,28	7/3	7/5	7/7	7/9	7/11	8/1	8/3
1,30	7/2	7/3	7/5	7/7	7/9	7/11	8/1
1,32	7/0	7/2	7/3	7/5	7/7	7/9	7/11
1,34	6/11	7/0	7/2	7/4	7/6	7/8	7/10
1,36	6/9	6/11	7/0	7/2	7/4	7/6	7/8
1,38	6/8	6/10	6/11	7/1	7/2	7/4	7/6

[1] Monatlicher (gleichbleibender) Tilgungsbeitrag (Zins- und Tilgungsrate) im Verhältnis zum (voll ausgezahlten) Bruttoanfangs-Bauspardarlehen bei Tilgungsbeginn (ein Monat nach Darlehenszahlung)

Tabelle 14 (Seite 2)

Tilgungszeiten von Bauspardarlehen bei der 30 Tage-Methode der Darlehensverzinsung in Abhängigkeit von der prozentualen Monatsrate bei Tilgungsbeginn

Monats-rate[1]	Nomineller Jahreszinssatz des Bauspardarlehens in %						
	3,0	3,5	4,0	4,5	5,0	5,5	6,0
(1)	(2)	(3)	(4)	(5)	(6)	(7)	(8)
	Tilgungszeit in Jahren/Monaten						
1,40	6/7	6/8	6/10	6/11	7/1	7/3	7/5
1,42	6/6	6/7	6/8	6/10	7/0	7/1	7/3
1,44	6/4	6/6	6/7	6/9	6/10	7/0	7/2
1,46	6/3	6/5	6/6	6/7	6/9	6/10	7/0
1,48	6/2	6/3	6/5	6/6	6/8	6/9	6/11
1,50	6/1	6/2	6/4	6/5	6/6	6/8	6/9
1,52	6/0	6/1	6/2	6/4	6/5	6/6	6/8
1,54	5/11	6/0	6/1	6/3	6/4	6/5	6/7
1,56	5/10	5/11	6/0	6/1	6/3	6/4	6/5
1,58	5/9	5/10	5/11	6/0	6/2	6/3	6/4
1,60	5/8	5/9	5/10	5/11	6/1	6/2	6/3
1,62	5/7	5/8	5/9	5/10	6/0	6/1	6/2
1,64	5/6	5/7	5/8	5/9	5/10	6/0	6/1
1,66	5/5	5/6	5/7	5/8	5/10	5/11	6/0
1,68	5/5	5/5	5/6	5/7	5/9	5/10	5/11
1,70	5/4	5/5	5/6	5/7	5/8	5/9	5/10
1,72	5/3	5/4	5/5	5/6	5/7	5/8	5/9
1,74	5/2	5/3	5/4	5/5	5/6	5/7	5/8
1,76	5/1	5/2	5/3	5/4	5/5	5/6	5/7
1,78	5/1	5/1	5/2	5/3	5/4	5/5	5/6
1,80	5/0	5/1	5/2	5/2	5/3	5/4	5/5
1,82	4/11	5/0	5/1	5/2	5/3	5/3	5/4
1,84	4/10	4/11	5/0	5/1	5/2	5/3	5/4
1,86	4/10	4/11	4/11	5/0	5/1	5/2	5/3
1,88	4/9	4/10	4/11	4/11	5/0	5/1	5/2
1,90	4/9	4/9	4/10	4/11	5/0	5/0	5/1
1,92	4/8	4/9	4/9	4/10	4/11	5/0	5/0
1,94	4/7	4/8	4/9	4/9	4/10	4/11	5/0
1,96	4/7	4/7	4/8	4/9	4/9	4/10	4/11
1,98	4/6	4/7	4/7	4/8	4/9	4/10	4/10

[1] Monatlicher (gleichbleibender) Tilgungsbeitrag (Zins- und Tilgungsrate) im Verhältnis zum (voll ausgezahlten) Bruttoanfangs-Bauspardarlehen bei Tilgungsbeginn (ein Monat nach Darlehenszahlung)

Tabelle 15
Tilgungsplan eines Bauspardarlehens mit 5% Jahreszinsen bei Einschluß einer Risikolebens-
versicherung (Bruttoanfangs-Bauspardarlehen 100.000 DM, Tilgungsbeitrag 1.000 DM,
Versicherungszuschlag 20 DM monatlich, Quartalsmodell der Darlehensverzinsung)

Ka-len-der-jahr	Quar-tal	Darlehen zum Quartals-beginn	Kon-to-ge-bühr	Alter des Versi-cherten	Versiche-rungssumme für das Jahr	Versicherungsbeitrag jährlich		Darlehens-zinsen für das Quartal	Netto-tilgung im Quartal
						rel.[1]	abs.[1]		
(1)	(2)	(3)	(4)	(5)	(6)	(7)	(8)	(9)	(10)
		DM	DM	Jahre	DM	‰	DM	DM	DM
1	1	100.000,–	15,–	39	100.000,–	2,592	259,20	1.253,43	1.532,37
	2	98.467,63						1.230,85	1.829,15
	3	96.638,48						1.207,98	1.852,02
	4	94.786,46						1.184,83	1.875,17
2	1	92.911,29	15,–	40	92.900,–	2,742	254,73	1.164,76	1.625,51
	2	91.285,78						1.141,07	1.918,93
	3	89.366,85						1.117,09	1.942,91
	4	87.423,94						1.092,80	1.967,20
3	1	85.456,74	15,–	41	85.400,–	2,898	247,49	1.071,49	1.726,02
	2	83.730.72						1.046,63	2.013,37
	3	81.717,35						1.021,47	2.038,53
	4	79.678,82						995,99	2.064,01
4	1	77.614,81	15,–	42	77.600,–	3,066	237,92	973,35	1.833,73
	2	75.781,08						947,26	2.112,74
	3	73.668,34						920,85	2.139,15
	4	71.529,19						894,11	2.165,89
5	1	69.363,30	15,–	43	69.300,–	3,252	225,37	870,05	1.949,58
	2	67.413,72						842,67	2.217,33
	3	65.196,39						814,95	2.245,05
	4	62.951,34						786,89	2.273,11
6	1	60.678,23	15,–	44	60.600,–	3,456	209,44	761,28	2.074,28
	2	58.603,95						732,55	2.327,45
	3	56.276,50						703,46	2.356,54
	4	53.919,96						674,–	2.386,—
7	1	51.533,96	15,–	45	51.500,–	3,684	189,73	646,73	2.208,54
	2	49.325,42						616,57	2.443,43
	3	46.881,99						586,02	2.473,98
	4	44.408,01						555,10	2.504,90
8	1	41.903,11	15,–	46	41.900,–	3,954	165,67	526,05	2.353,28
	2	39.549,83						494,37	2.565,63
	3	36.984,20						462,30	2.597,70
	4	34.386,50						429,83	2.630,17
9	1	31.756,33	15,–	47	31.700,–	4,278	135,61	398,84	2.510,55
	2	29.245,78						365,57	2.694,43
	3	26.551,35						331,89	2.728,11
	4	23.823,24						297,79	2.762,21
10	1	21.061,03	15,–	48	21.000,–	4,668	98,03	264,68	2.682,29
	2	18.378,74						229,73	2.830,27
	3	15.548,47						194,36	2.865,64
	4	12.682,83						158,54	2.901,46
11	1	9.781,37	15,–	49	9.700,–	5,082	49,30	123,07	2.872,63
	2	6.908,74						86,36	2.973,64
	3	3.935,10						49,19	3.010,81
	4	924,29						11,55	924,29
Summen			165,–				2.072,49	30.278,35	100.000,–

[1] Unter Berücksichtigung der Sofortüberschußbeteiligung in Höhe von derzeit 40 % des Bei-
trags für einen männlichen Versicherten nach Tarif OE der Wüstenrot Lebensversicherungs-
AG

Tabelle 16
Effektive Jahreszinsen für (tilgungsfreie) Vorausdarlehen (VD)
bei monatlich nachschüssiger Zinszahlung nach der Zinsstaffelmethode

VD-Lauf-zeit	Nominalzinssatz des Vorausdarlehens jährlich						
	6 %	7 %	8 %	9 %	10 %	11 %	12 %
	Effektiver Jahreszins des Vorausdarlehens jährlich in %						
(1)	(2)	(3)	(4)	(5)	(6)	(7)	(8)
Jahre	%	%	%	%	%	%	%
I. Auszahlungskurs 100 %							
1)	6,17	7,23	8,30	9,39	10,48	11,58	12,70
II. Auszahlungskurs 99 %							
6	6,38	7,45	8,53	9,62	10,73	11,84	12,96
7	6,36	7,43	8,51	9,60	10,70	11,81	12,94
8	6,34	7,41	8,49	9,58	10,68	11,79	12,92
9	6,32	7,39	8,47	9,57	10,67	11,78	12,90
III. Auszahlungskurs 98 %							
6	6,60	7,67	8,76	9,86	10,98	12,10	13,23
7	6,55	7,62	8,71	9,81	10,92	12,05	13,18
8	6,51	7,59	8,68	9,78	10,89	12,01	13,14
9	6,48	7,56	8,65	9,75	10,86	11,98	13,11
IV. Auszahlungskurs 95%							
6	7,26	8,36	9,48	10,61	11,75	12,90	14,06
7	7,13	8,23	9,35	10,48	11,61	12,77	13,93
8	7,03	8,14	9,25	10,38	11,52	12,67	13,83
9	6,96	8,06	9,18	10,30	11,44	12,59	13,76
V. Auszahlungskurs 92%							
6	7,95	9,08	10,22	11,38	12,55	13,73	14,93
7	7,74	8,87	10,01	11,17	12,34	13,52	14,72
8	7,58	8,71	9,85	11,01	12,18	13,36	14,56
9	7,46	8,59	9,73	10,89	12,06	13,24	14,44

¹) Effektiver Jahreszins gilt für jede Laufzeit in vollen Jahren.

Tabelle 17

Effektive Jahreszinsen für (tilgungsfreie) Zwischendarlehen (ZD)
bei monatlich nachschüssiger Zinszahlung nach der Zinsstaffelmethode

ZD-Laufzeit	Nominalzinssatz des Zwischendarlehens jährlich						
	6 %	7 %	8 %	9 %	10 %	11 %	12 %
	Effektiver Jahreszins des Zwischendarlahens jährlich in %						
(1)	(2)	(3)	(4)	(5)	(6)	(7)	(8)
Jahre	%	%	%	%	%	%	%
I. Auszahlungskurs 100 %							
1)	6,17	7,23	8,30	9,39	10,48	11,58	12,70
II. Auszahlungskurs 99 %							
1	7,27	8,35	9,44	10,54	11,65	12,77	13,90
2	6,74	7,81	8,89	9,99	11,09	12,21	13,34
3	6,56	7,63	8,71	9,81	10,91	12,02	13,15
4	6,47	7,54	8,62	9,71	10,82	11,93	13,05
5	6,42	7,49	8,57	9,66	10,76	11,88	13,00
III. Auszahlungskurs 98 %							
2	7,31	8,40	9,49	10,60	11,72	12,84	13,98
3	6,95	8,03	9,13	10,23	11,34	12,47	13,60
4	6,77	7,85	8,94	10,05	11,16	12,28	13,42
5	6,67	7,75	8,84	9,94	11,05	12,17	13,30
IV. Auszahlungskurs 97%							
2	7,90	8,99	10,10	11,22	12,35	13,49	14,64
3	7,35	8,44	9,55	10,66	11,78	12,92	14,07
4	7,08	8,17	9,27	10,38	11,50	12,64	13,78
5	6,92	8,01	9,11	10,22	11,34	12,47	13,61
V. Auszahlungskurs 95%							
3	8,17	9,28	10,41	11,54	12,69	13,85	15,02
4	7,71	8,82	9,94	11,07	12,21	13,37	14,53
5	7,44	8,54	9,66	10,79	11,93	13,08	14,25

1) Effektiver Jahreszins gilt für jede Laufzeit in vollen Jahren.

Register